90分で納得!!
ストーリーでわかる
相続A to Z

あさひ法律事務所

経法ビジネス新書
004

はじめに

誰もが親の子どもである以上、人生のどこかで相続という事態に直面します。古今東西を問わず、円満な相続を願って多くの知恵が積み重ねられてきました。しかし、相続の在り方はその国の文化や慣習と密接な関係があるだけに、国や時代で随分と異なります。現代日本の相続においても、法律の決まりはありますが、千差万別の人間関係にこの決まりを当てはめて結論を出すときには、その事情の違いが反映して、法律を四角四面に適用することが相当でないようなこともあり得ます。私ども弁護士が依頼者から相談を受けるときにも、ルールをそのまま当てはめて割り切ってよい事案か、相手方の言い分を慎重に聞くなど相当の調査をしなければ結論を簡単に出せない事案かを見極めなければなりません。

皆さんが相続をされるような場合にも、それぞれ、いろいろな事情を抱えていらっしゃるでしょうから、自分だけで解決できると思わず、身近な弁護士にぜひ相談して慎重に結論を出してもらいたいと思います。

ただ、それにしても、弁護士に相談に行く前に、法律に照らして、どう考えればいいのかを、まず手近な本で知りたい方は多いでしょう。

私どもの事務所は、都心にオフィスがあり、30名を超える多くの弁護士が所属しています。このような事務所では、遺言や相続などの個人の依頼は受けないような印象を持たれている方が多いようなのですが、相続などの個人の案件も弁護士が力をふるうべき重要な案件です。そのため、私どもの事務所では、事務所内に遺言・相続部門をつくり、案件の受任と合わせて、日頃から研鑽やノウハウの継承を心がけています。その議論の中から、この本も書かれました。

書店の棚を見ていただければおわかりいただけるように、遺産分割や遺言に関する類書は多いのですが、この本のユニークな点は次の通りです。

①全体を通して、読み物として進展するストーリーを作りました。日本人の多くが共感できる日常生活を取り込んで、父親が亡くなってからの10日間の相続に関するストーリーが展開します。登場する山田さん家族は、皆さんの親戚みたいな人たちです。悪

人らしき人も出てきますが、決して悪人ではないのです。相続を巡るごたごたは人間性のあふれたドラマでして、小さなドラマが積み重ねられます。

②その結果、この話では登場人物は共通していて、ストーリーも主人公の山田一郎さんの知識も事件の進行に応じて深まっていくのですが、それはそれとして、ある1日のドラマは、それだけ独立して読んでも理解できるように、人間関係も含めて書かれています。興味のあるテーマの部分をいきなり読んでも構いません。つまり、各1日分が短編とお考えください。ちなみに、読んでいただければ、この方式は、私の愛読書である池波正太郎の鬼平犯科帳と共通していることがおわかりいただけると思います。

③少し法律的な説明を読みたい方は、ストーリーの後に弁護士のアドバイスがありますので、この部分をお読みください。ストーリーを下敷きにしていますが、手っ取り早く法律の中身を知りたい方は、いきなりここをお読みいただいても構いません。

④さらに、解説の意味でコラムをつけました．弁護士のアドバイスをさらに詳しく理解したい方はコラムをお読みください。ここまでお読みになったら、きっと、皆さんの知識は大学の法学部でまじめに勉強した学生を超えることでしょう。

このように、本書は、楽しさを味わいつつ、意識しなくても法律知識を得ることのできるように書いたつもりです。

なお、この本は、あさひ法律事務所でストーリー作りにかけては一番の文才を持つ亀井洋一が骨格を作成し、これに十数名の弁護士が分担してコメント等を執筆し、最後に遺言相続部門の事務局長・藤原道子が仕上げの精査をしたものです。

出版にあたりましては、経法ビジネス出版株式会社の代表取締役である中島基隆さんにお世話になりました。この場を借りて御礼申し上げます。

２０１５年1月

あさひ法律事務所
弁護士　庭山正一郎

90分で納得!! ストーリーでわかる相続A to Z ●目次

プロローグ　葬儀を終えて

●シーン1　山田家の人々（前編）

「いい葬式だったな」

山田一郎は、思わず、そう呟いた。

一郎は、葬式の主役すなわち亡くなった父山田桃太郎の一人息子だった。母の山田ふじ子は存命だが高齢のうえ、夫桃太郎の死で気が動転していたため、葬式の手配は一郎がすべて行うことになり、親戚や知人、町内会などへの連絡や挨拶も一郎と妻の花子があたることになった。

一郎としても、父親の桃太郎を偲ぶ気持ちは十分にあったが、葬儀業者との連絡や葬式の手配、追悼のスピーチの準備など手続きに追われて、感傷に浸るような余裕はなかった。

元々、桃太郎の親族は、息子の一郎夫婦のほかは桃太郎の弟で多古川家に養子に行った多古川イカ夫くらいしかいない。

葬儀の参列者も、一郎の仕事の関係者や、花子が役員をしている町内会の人々が大半である。

　もっとも、一郎も花子も面識がない老人が何人か出席していて、おそらく桃太郎の知り合いだろうと思われたが、葬儀の場で桃太郎とどのような縁がある人か確認するような余裕はなかった。

　一郎も花子も、むしろ自分の知り合いの対応に追われていたのが実情だったが、忙しくしている分、気が紛れることにもなったし、参列者の大半も桃太郎ではなく一郎や花子の知り合いであるから、桃太郎を偲んで悲しみに暮れることもなく、話も弾み、慰めてもらえることにもなった。

　その結果、厳粛ではあるが和やかな気分で葬式は進み、桃太郎は、春の日差しを浴びて暖かく見送られるように旅立った。

　一段落して葬式をふり返ってみると、セピア色の古い写真を見た時のような通り過ぎた過去の出来事に感じられる。

「おそらく、どの葬式でも遺族は似たようなものなのだろう。ぐっと悲しみを感じるのは、落ち着いてからだろうな。しかし、親父も訳のわからない人生を送った割には、みんなから暖かく見送ってもらえたもんだ」

実際に、桃太郎の前半生は、息子の一郎でさえ、よく知らなかった。

桃太郎は昭和5年生まれで、戦後すぐのころ、どうもあまり芳しくない仕事をして一財産つくったらしく、家族にも、昔の事はほとんど話さなかった。

桃太郎は、昭和38年にふじ子と結婚して一郎をもうけた後は、家族にも優しく落ち着いた暮らしをしていたが、何回か投資に手を出しては損失を被り、結局、築いたはずの財産はほとんど使い果たしてしまったらしい。

死亡する前まで残っていた財産は自宅の土地建物と、銀行の投資信託や株が多少あるくらいのようだ。

「ようだ」というのは、桃太郎は、平成17年ころから老人性の認知症が進み、死亡する前の平成24年はじめころからは、一郎やふじ子が家族であることも思い出せない状態で、どのような財産があるのかは自分でもわかっていなかったからである。

もっとも、投資信託を購入した銀行からは、定期的に書面が送付されていたので、調べればわかるだろう。

「あなた、お疲れさま。お茶を淹れてきたわ」

妻の花子が、ペットボトルからそのまま入れたお茶を持ってきた。

一郎は、気がつかないふりをして「葬式は大変だっただろう。しかし、うちは親族が少ないから相続は楽だな。もめそうな人は1人くらいしか思いつかないし」とのんびり呟いたが、花子は心配そうな顔をしている。

「お義父さんは、お義母さんと結婚する前に、別の人と結婚していたのではなかったかしら」

「確かに、浦島もも子という人と結婚していて、小太郎という男の子がいたはずだ。しかし、もも子さんとは離婚して母と結婚したのだから、もも子さんも小太郎さんも相続人にはならないだろう。実は僕も2人に会ったことがないし年賀状のやり取りすらしていない」

一郎は、書棚の引出しから、古い戸籍謄本を引っ張り出した。桃太郎は昭和32年に浦島もも子と結婚して、翌33年に小太郎が誕生している。桃太郎は、その後もも子と離婚し、昭和38年にふじ子と結婚して、昭和41年に一郎が生まれている。

そこで、一郎は、とんでもないことに気づいた。

「そういえば、もも子さんと小太郎さんには葬式の連絡をしていなかったな」

「ずっと音信がなかったのだから、後で知らせればいいわ。もも子さんも、お義母さんがいる席には来たくないでしょうし」と花子が、ややトゲのある口調で言った。

一郎は、また気がつかないふりをして、

「そうだ。小太郎さんは、もう亡くなっているんだ。確か15年ほど前に知らせがあったが、そういえば、僕も葬式には出ていない。小太郎さんの奥さんから手紙が届いてはじめて知ったくらいだ。お互いさまだね」

「小太郎さんには子どもはいなかったの？」

「奥さんの手紙には、さくらさんとあざみさんという双子の娘がいると書いてあったね。もう30歳くらいにはなっているはずだ。結婚して名字も変わっているかもしれないね」

一郎が見つけた古い戸籍謄本には、息子の小太郎までしか記載されていなかった。

「もう、お子さんもいるかもしれないわね」

一郎と花子には子どもがいないので、花子はうらやましいようだ。

その時、ドタドタと下品な音を立てて、火のついた煙草を手に持った太った男が突然現れた。

「トイレはどこだ。このままじゃもたない。この辺が汚れても俺のせいじゃないぞ」

「はい、こちらです。急いでください」と、花子が慌ててトイレに案内した。

「いやー、あいつが多古川家に養子に行っていて良かったな」

一郎は思わず、結構大きな声で言ってしまった。

「本当に、いやなタコ親父だわね」と花子も容赦しない。

トイレに行く途中で、手に持った煙草を床に落としていたので、一郎は、慌てて火をもみ消した。トイレからは、うなっているような調子外れの歌声がしていた。一郎はよく知らないが、昔の軍歌のようだ。

多古川イカ夫は、桃太郎のただ1人の兄弟であり、時折り、山田家を訪れていたのだが、態度が横柄でわが物顔で家の中をうろつくので、花子には極めて評判が悪い。今日も、相当酔っ払っているようだ。一郎は、初七日の法要も葬式の日に行うことにして、ささやかな酒食の席を設けたのだが、多古川イカ夫は、タダ酒だと安心して相当飲んだようである。

「多古川の叔父さんは、養子に行ったし姓も違うから、まさか相続人になることはないわね」

「そもそも、兄弟だから、相続人にはならないんじゃないか」

多古川家は、以前は世間に知られた金持ちだったそうだが、イカ夫は、いろいろな事業に手を出しては失敗を繰り返して、ほとんど財産を食いつぶしてしまった。その意味では兄桃太郎と似た者同士ともいえるが、桃太郎からもたびたび借金をしていたらしい。

「あいつに貸したら返ってこない。あやうく保証人にさせられそうになったこともあるが、断っておいて良かった」と桃太郎が、まだ意識がはっきりしていたころ、何度も苦々しく言っていたのを一郎は覚えている。

しかも、外見は、花子が言う通りタコ親父そのもので、性格もがめつく行儀が極めて悪いことから、未だ独身である。

しかし、女性には、並々ならぬ興味があるらしく、若いころは場末のスナックの美人ママに入れ込んでいたらしいとか、財産を使い果たしたのも大半は女性がらみだとの話もある。

　今でも、繁華街の裏手のいかがわしい店の前でよく見かけるという噂もどこからか聞こえてきていた。もっとも、見かけた者も同じ場所にいたことになるが。

　その多古川イカ夫はいつまでたっても、トイレから出てこなかった。

「ちょっと様子を見てくる」

　一郎がトイレのドアをノックしても返答がない。

　ドアノブに手をかけてみると意外にもロックがかかっておらず、ドアを開けてみると、中で多古川イカ夫がだらしなく寝ていた。

⇩弁護士から山田一郎さんへのアドバイス

　誰かが死亡すると相続が発生しますが、この場合に、死亡した人を被相続人、相続する人を相続人といいます。

【図①】配偶者（妻または夫）

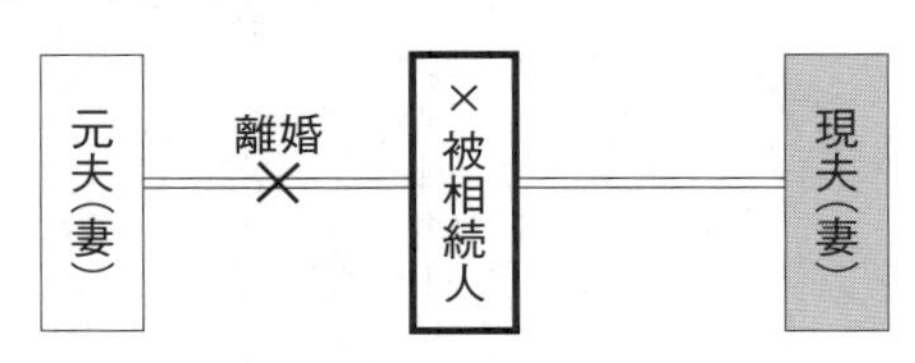

※　被相続人は太ケイ、相続人はアミカケで表示しています。実線は血縁関係、二重線は法律上の親族関係です。×印は故人です。
※　現在の（法律上の）配偶者（夫または妻）は相続人になりますが、離婚した元配偶者や故人は相続人にはなりません。
※　現在の配偶者は必ず相続人になり、ほかに子や親などの相続人がいる場合は同順位になります。

誰が相続人になるかについては、民法に次のようなルールが定められています。

①　被相続人が結婚していて、夫か妻（配偶者といいます）がいる場合は、夫か妻は必ず相続人になります。②以下の「子ども」や「親」や「兄弟姉妹」が相続人となる場合も、必ず、「夫」や「妻」がいれば一緒に相続人になります。

なお、ここでいう「夫」や「妻」は、被相続人が死亡した時点で、法律上の婚姻関係がある場合に限られます。

死亡前に離婚していたり、婚姻届を提出していなくて法律上の婚姻関係にない場合（いわゆる「内縁」の場合）は、「夫」や「妻」には該当せず、相続人にはなりません。

したがって、この相続では山田桃太郎が被相続人で、現在の妻である山田ふじ子が相続人になりますが、離婚した前妻の浦島もも子は相続人にはなりません。

②　被相続人に「子ども」がいる場合は、「子ども」は必ず相続人になります。
ここでいう「子ども」は、「実子」と「養子」の両方を含み、かつ「実子」と「養子」で区別はありません（ただし、特別養子縁組みを行って実親との親子関係が終了した場合は、実親との関係では相続人にはなりません）。

なお、「養子」とは、実の親以外の人と法律上「養子縁組」をした人をいいます。結婚して奥さんの実家に同居したり、奥さんの姓を名乗る場合に「養子」という言葉が使われることがありますが、これは法律上の養子ではありません。

また、子どもであれば、前妻や前夫との間の子どもでも、結婚していない男女間にできた子ども（婚外子）でも相続人になります。

この相続では、桃太郎の実子である一郎は、当然、相続人になりますが、桃太郎の

【図②】子

（実子）

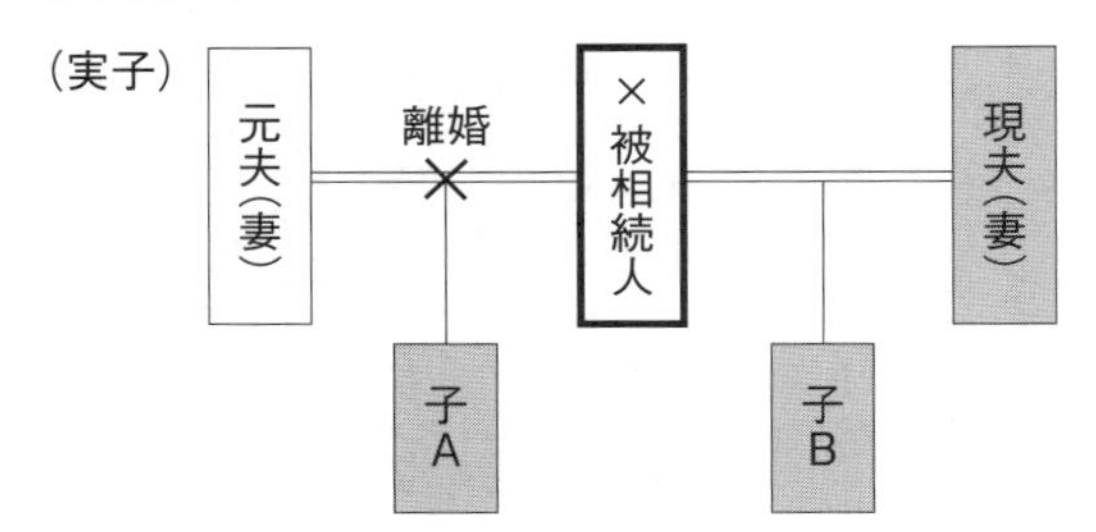

※　子がいる場合は、必ず相続人になり、そのときは親や兄弟が相続人になることはありません。

※　離婚した元夫（妻）との間の子も実親については相続人になります。現夫（妻）との間で子がいる場合は同順位であり優劣はありません。

※　この場合に被相続人に夫（妻）がいるときは、子と同順位で相続人になります。

（養子）

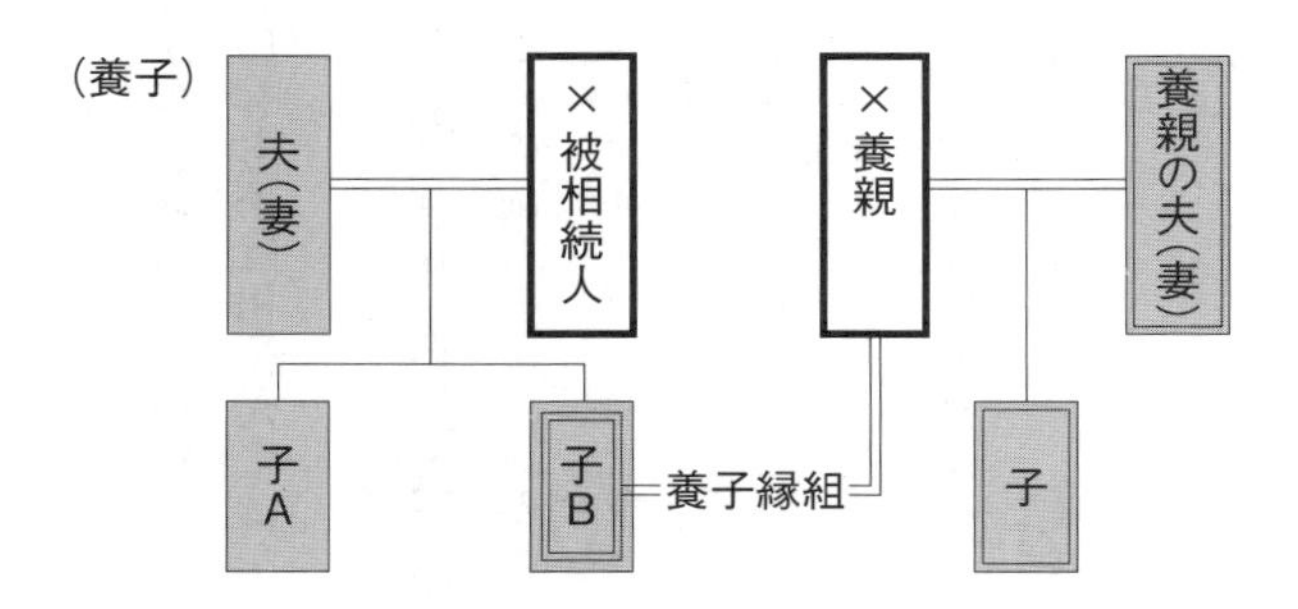

※　養親の関係の相続は二重ケイで囲んで表示しています。

※　実親以外の養親と養子縁組をした子は、実親との関係でも、養親との関係でも子として相続人になります。

ただし、特別養子の場合は、実親との親子関係は終了し、養親についてのみ相続人になります。

※　養子となった子のほかに子がいる場合、養親に別に子がいる場合であっても、それぞれ子として同順位で相続します。

養子と実子はいずれも子であって優劣はありません。

前妻もも子との間の子どもである浦島小太郎も、生きていれば相続人になります。

なお、多古川イカ夫は、これまでに実親（桃太郎の両親）や多古川家の養親の財産を相続しているはずですが、もう使ってしまったのでしょうね。

③「子ども」がいないときは、「親」がいれば「親」が相続人になります。両親が生きていれば両親が相続人になりますが、片方が死亡しているときは、残った1人が相続人となります。

親は既に死亡しているが、その親（つまり祖父母）は生きているというケースはあまりないでしょうが、その場合は、「親の親」が相続人になります。その先も同じです。ただし、「親」の代に両親の一方が生存していれば相続人となり、それ以上さかのぼることはありません。

この相続では、被相続人桃太郎の上の世代は、皆さん死亡していますから、該当する相続人はいません。

【図③】 親、親の親…(直系尊属)

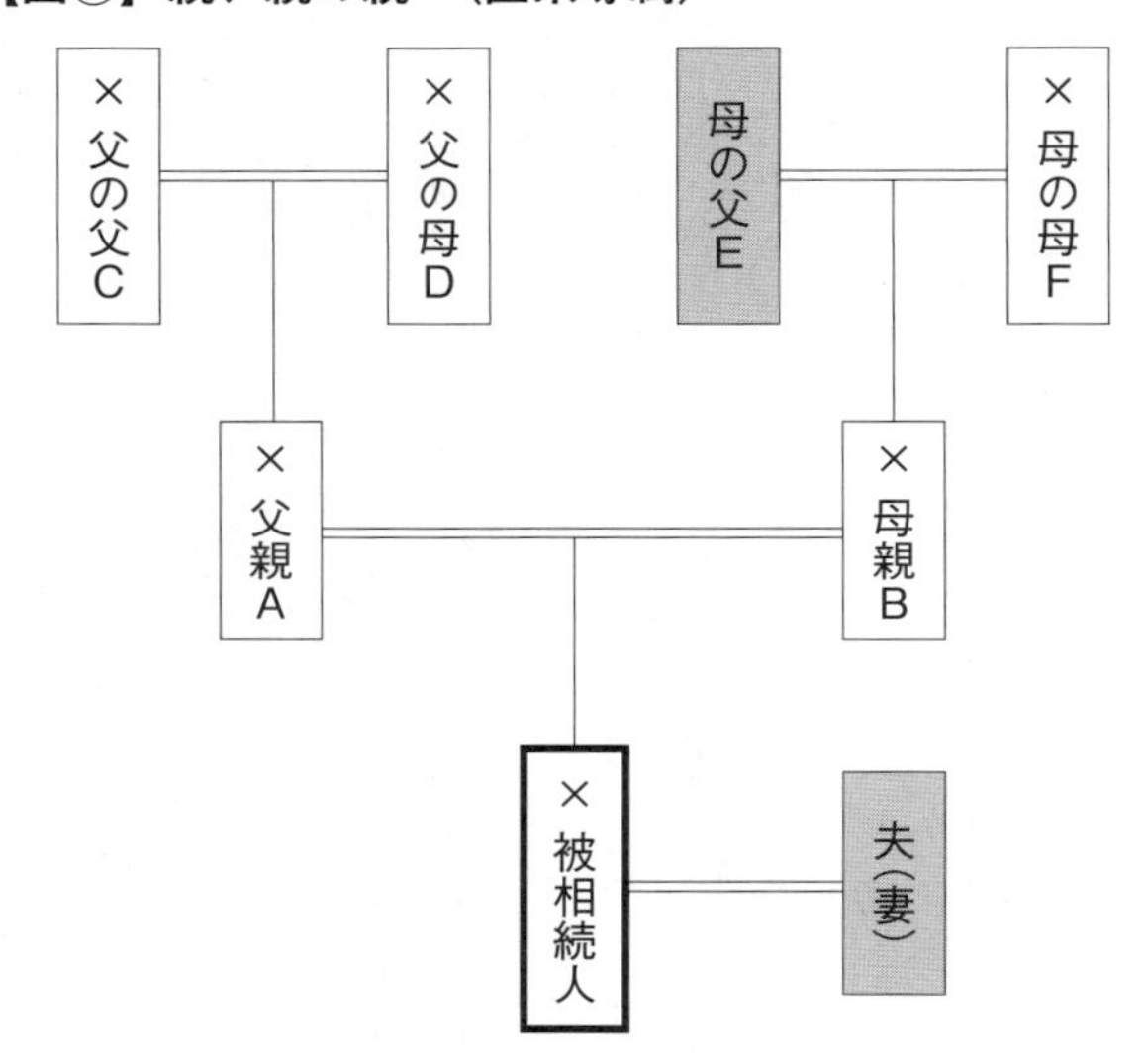

※　被相続人に子がいない場合は、親が生存していれば相続人になります。
　両親の一方が生存していれば、その親が相続人となり、それ以上はさかのぼりませんが、両親とも死亡している場合に、その親が生存していれば相続人になります。もしこの図で父親Aが生存していれば父親Aが相続人となり、母の父Eは相続人とはなりません。

※　この場合に被相続人に夫(妻)がいるときは、親、その親…と同順位で相続人になります。

【図④】兄弟姉妹

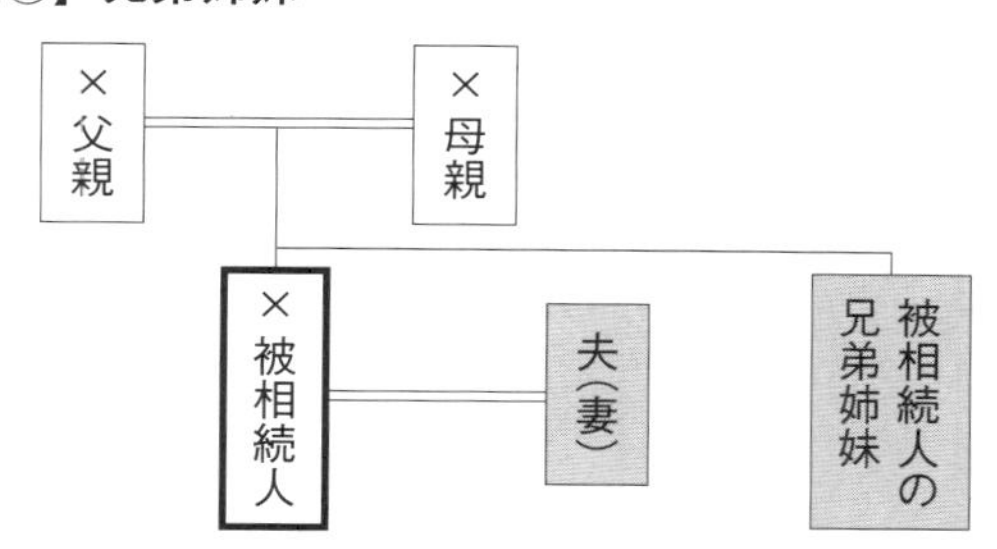

※　被相続人に子がなく親もその親もその親…もいない場合、兄弟姉妹がいれば兄弟姉妹が相続人になります。
※　この場合に被相続人に夫（妻）がいるときは、兄弟姉妹と同順位で相続人になります。

④　「子ども」も「親」も「親の親」も「親の親の親…」もいないときは、兄弟姉妹がいれば兄弟姉妹が相続人になります。
　多古川イカ夫は、被相続人桃太郎の弟ですが、桃太郎には「子ども」の一郎がいますので、相続人にはなりません。

　良かったですね。

⑤　被相続人に「子ども」がいて、被相続人よりも先に死亡していた場合はどうでしょうか。
　この場合、死亡した「子ども」にさらに「子ども」がいるときは、「子どもの子ども（孫）」が相続人になります（これを「代襲相続」といいます）。

【図⑤】代襲相続

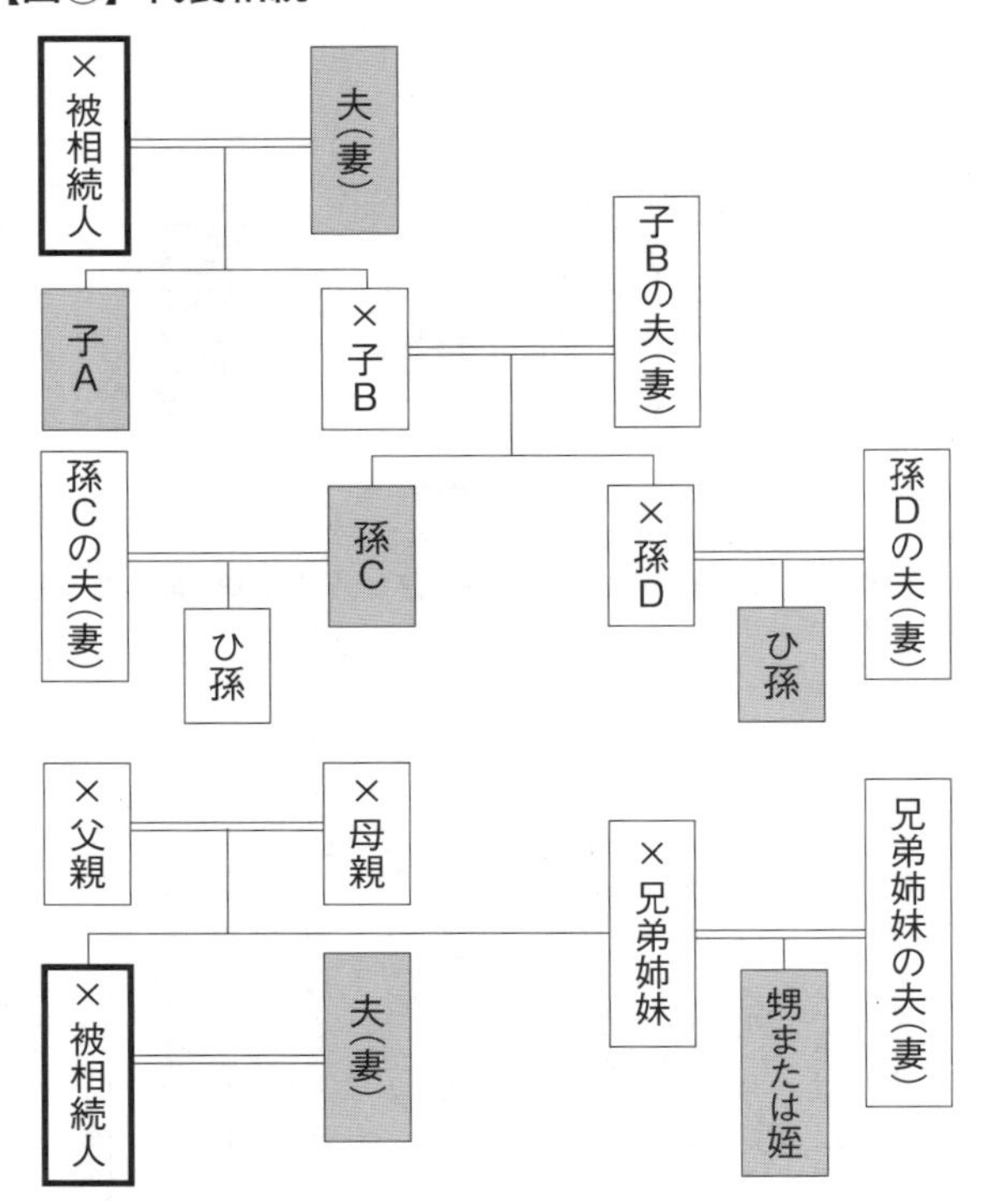

※　被相続人に子がいても、被相続人より先に死亡している場合、その子(孫)が相続人(代襲相続人)になります。

孫も死亡している場合、さらにその子(ひ孫)がいれば、ひ孫が相続人になり、その後も同様です。

子が複数いて、生存している子がいる場合は、代襲相続人は生存している子と同順位で相続人になります。

※　兄弟姉妹が相続人になる場合(子、孫、ひ孫…も、親、その親…もいない場合)、兄弟姉妹が先に死亡しているとき、その子がいれば相続人になります。ただし、兄弟姉妹については、その子一代までで、さらにその子が相続人になることはありません。

「子どもの子ども」が死亡していて、その「子ども」がいる場合も、「子どもの子どもの子ども（ひ孫）」が相続人になります。その下も同様で、子どもや孫などに子どもがいる限り永遠に続きます。

被相続人に複数の「子ども」がいて相続人になる場合であっても、そのうち既に死亡している「子ども」の「子ども」（孫）については代襲相続が認められますので、「子ども」と「孫」が共同で相続人となる場合もあり得ます。

なお、代襲相続は、「兄弟姉妹」の場合も認められますが、「兄弟姉妹」の場合は、その「子ども」一代限りですので、甥と姪までとなります。

この相続では、被相続人桃太郎の前妻の息子小太郎は既に死亡していますが、その子どもであるさくらとあざみの姉妹がいますので、代襲相続が認められ、さくらとあざみも相続人になります。

以上から、この相続では、相続人は、①「妻」のふじ子、②「子ども」の一郎、③被相続人桃太郎より前に死亡した「子ども」の小太郎の「子ども」のさくらとあざみになります。

【図⑥】この相続での相続人の範囲

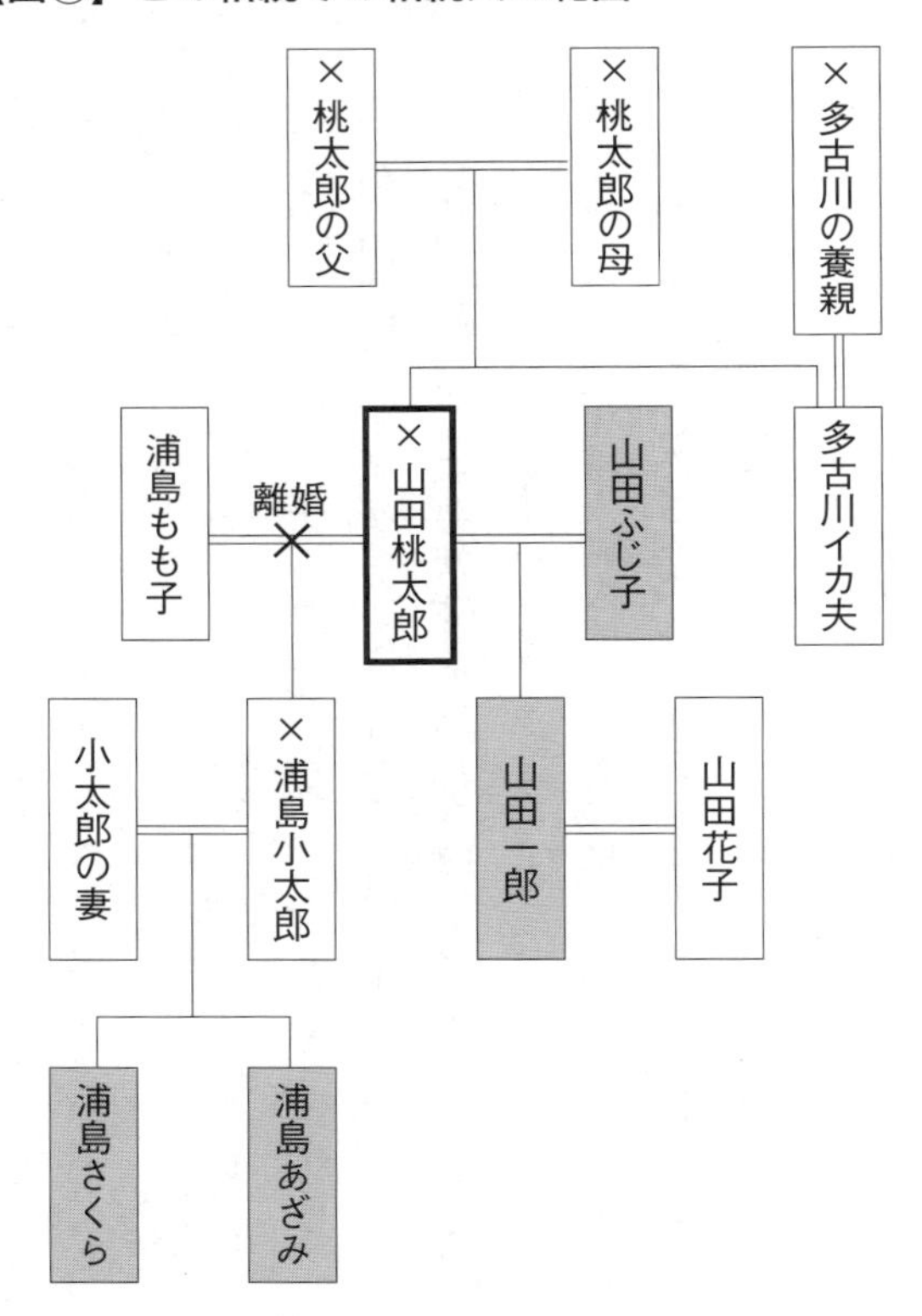

※　桃太郎の妻（配偶者）である山田ふじ子は、ほかに相続人がいる場合は同順位で、必ず相続人になります。

※　桃太郎の子の山田一郎は相続人になります。

※　同じく浦島小太郎は桃太郎の子ですが、既に死亡しているため、その子の浦島さくらと浦島あざみが相続人になります。

※　元妻の浦島もも子は相続人ではありません。

※　桃太郎には子がいますので、弟の多古川イカ夫は相続人にはなりません。

もし、「子ども」の一郎も、「子どもの子ども」のさくらとあざみもいなかったとした場合、「子ども」と「親」がいないので、桃太郎の「弟」の多古川イカ夫が相続人となり、この場合の相続人は「妻」の山田ふじ子と「弟」の多古川イカ夫の2人ということになります。

一郎さん、わかりましたか？

●シーン2　山田家の人々（後編）

「そうか、あの双子も相続人になるのか」

一郎は納得した。

「連絡しないといけないわね。住所がわかるかしら」

「昔の手紙を取ってあるのでわかると思う。どっちにしても、親父が亡くなったことを知らせないといけないし。しかし、双子は親父の財産なんかあてにしていないだろうし、親父は、もも子さんと離婚する時に慰謝料をいっぱい払ったと言っていたから、あまり争いになることはないだろう」

一郎は、書棚の引出しから、小太郎の妻から送られた手紙を探し出した。小太郎は、平成9年に、まだ39歳で亡くなっていた。

小太郎の妻子は、そのころは大阪に住んでいたようだ。

その時、「何だ、もう酒はないのか。誰が飲んだんだ。俺じゃないぞ」というイカ夫のわめき声が聞こえてきた。

「あいつが相続人でなくて良かった。そうでなければ、相続で大もめにもめることになるな」と一郎は言って、花子とうなづきあったが、実は後になって、それがとんでもない間違いだということに気づくことになる。

コラム

1　相続人の範囲

相続人は以下のように決まります。

①　被相続人に配偶者（夫または妻）がいる場合は、配偶者は常に相続人になります（民法

890条）。ほかに相続人の該当者がいる場合も、同順位で相続人になります（同条）。

②　被相続人の子は相続人になります（同887条1項）。この場合に、子が先に死亡しているような場合は、次に述べる代襲相続が行われます。

③　被相続人に子や孫など直系卑属がいない場合、親、その親など直系尊属がいるときは、相続人になります（同889条1項1号）。この場合に、親等が近い者がいる場合は、その者が優先されます。例えば、被相続人の父親は死亡しているが母親が生存している場合、母親が相続人になり、父親の親が生存していても相続人にはなりません。

④　被相続人に直系卑属も直系尊属もいない場合、兄弟姉妹がいれば相続人になります（同889条1項2号）。

2　代襲相続人の範囲

本文中にあるように、「子どもの子ども（孫）」、「子どもの子どもの子ども（ひ孫）」、「子どもの子どもの子どもの…」というように、子どもの系列（これを「直系卑属」といいます）は被相続人の死亡時に存在している限り続きます（民法887条2項・3項）。

兄弟姉妹が相続人となる場合の代襲相続は、兄弟姉妹の子ども（甥と姪）までです（同

889条2項但書)。

3　胎児と相続

相続にあたっては、胎児は生まれたものとみなすとされています(民法886条1項)。したがって、被相続人の死亡時に生まれていなくても、その後に出生したときは、相続開始時から相続人だったことになります。

もっとも、死産などで出生しなかったときは、はじめから相続人とならなかったとされます(同条2項)。

4　養子が相続人となる場合

本文中に記載したように、相続にあたって、実子と養子は同様に扱われます。

ところで、実の親との親子関係はほかの人と養子縁組をしてもなくなりませんし、一方で養親と養子は法律上の親子関係が認められます。

養子となった人の側から見ると、一方では実の親との間で親子関係があるので「子」に該当し、養親との間でも親子関係があるので「子」に該当します。したがって、養子は実の親の相続に関しても相続人になり、養親の相続に関しても相続人になります。

では、養子が被相続人より先に死亡した場合はどうなるでしょうか。養子に「子ども」がいる場合は、実子が先に死亡した場合と同様に代襲相続の問題になります。しかし、気をつけなければならないのは、養子の「子ども」がいつの時点で生まれたかということです。代襲相続が認められるのは、養子縁組以後に生まれた養子の「子ども」に限られるのです。したがって、養子縁組前に既に生まれていた養子の「子ども」は被相続人の代襲相続人にはなれないのです。

5　特別養子

前述したように、養子縁組が行われた場合、その養子は実の親とも養親とも親子関係があり、両方を相続することになります。

ただ、民法は、原則として6歳未満の子を養子とする場合に25歳以上の養親が夫婦共同で養子縁組を行うなど一定の要件を満たしているときは、家庭裁判所の手続きにより実の親との関係を終了させ養親子関係のみを存続させる「特別養子」という制度を設けています（民法817条の2～11）。

この場合は、実の親子間では相続も発生せず、養親子間のみで相続が行われます。

第1日

葬儀費用は誰が払うの？

●シーン1　死者の財布をあてにする（前編）

「しかし、葬式というのは金がかかるもんだな」

山田一郎は、思わず、そう呟いた。

父桃太郎の葬儀が昨日終わったばかりなのに、さっそく葬儀社から請求書が届いたのである。

会場費、棺代、花輪、僧侶への謝礼などすべて含めると、100万円を大きく超える出費になっている。

「妙に首の長い坊さんだったな。それにしても坊主丸儲けとはよく言ったものだ」と一郎はさらに不平を続けたが、

「あのお坊さんは随分痩せていたし、きっと葬儀社にピンハネされているのではないかしら。お坊さんの収入だけでは暮らせないので、ほかにも副業を持っているようなことも言っていたわ」と、一郎の妻花子が冷静に反論した。

「どっちにしても、こんなもの、放っておいても仕方がない。いずれ支払わなければ

ならないのだから、親父の遺産からさっさと払ってしまおう」

一郎と花子は協力して、桃太郎の遺産を整理しようとしたが、財産の現物らしいものがなく、実態がよくわからない。

「お義父さんは、金融資産をほとんど株や投資信託に投資していたみたいね」と、花子が、やや、とげとげしい口調で言った。花子は、ここ数年、認知症が進んでいた義父の桃太郎や、年齢のせいで桃太郎の介護ができなかった義母のふじ子の話題になると、どうしても厳しい口調になるようだ。一郎としても、桃太郎の介護は花子に任せっきりだったので、耳が痛い。

「確かに、銀行預金は利子がほとんど付かないからね。本当は、元金が確実なだけでも銀行預金が最も安全なんだが、親父は元気なころ、少しでも利回りが高いほうがいいと言って、預金も投資信託に買い替えてしまったようだ」

その通り、桃太郎の預金通帳にはほとんど残高がなく、銀行からは、毎月のように「預かり資産残高通知書」という書面が届けられ、投資信託らしい商品名が記載されていた。証券会社からも同様の書面が届いているが、こちらは有名な会社名が記載されていて株のようだ。

「親父は物を捨てない性格で、銀行や証券会社からの通知も全部残していたので、調べる手がかりは十分ありそうだ。銀行に行って聞いてみよう。ついでに、投資信託も解約しようか」

「銀行は、相続人全員が相続関係の書類を提出しないと、預金などの解約に応じてくれないと聞いたことがあるわ」

相続人には、桃太郎の妻ふじ子と長男の一郎のほかに、前妻浦島もも子の孫で、付き合いのなかった双子の姉妹も含まれる。相続手続きに協力してくれるかどうかはわからない。

「銀行員は頭が固そうだからな。しかし、親父の投資信託などを解約しないと、葬儀代も払えないいんじゃないか」

「早く、さくらさんたちに連絡して、相続手続きを進めなければいけないわね。ところで、私は、お義父さんが元気なころ、何をしていたのかよくわからないのだけど、何か借金が出てきたりしないの？　うっかり、誰かの保証をしていたとかいう話が出てきたら困るわ」

花子が心配そうに言ったが、一郎も、桃太郎の生前の行動については、詳しい話は聞いておらず、不安なことは同じだった。

「確かに、何が出てくるかわからない怖さはあるな。銀行は、最近は融資先の会社の経営者でない限りあまり保証はとらないそうだが、昔は、うっかり知人の借金の保証人になったばかりに自分も破産してしまったという話がよくあった。

しかし、そもそも借金は本人が死んだらなくなるんじゃないか？　自分が使ったわけでもないのに親の借金で苦労するなんて、割が合わないじゃないか」

「そんなことはないわ。私の友達で、親が借金を残して亡くなったので、自分の家を売って払った人がいるわ。何でも、『相続放棄』とか『限定承認』とかいう方法があったらしいのだけど、どうしようか途方に暮れているうちに、その期限が過ぎてしまって、借金も相続するしかなくなったと言っていたわ」

「そうか、借金は死んでもなくならないのか。しかし、今の話だと、期限までに『相続放棄』とか『限定承認』の手続きをすれば、借金は背負わなくてよさそうだな。まさか

1日2日の間に手続きをしろということはないだろうから、もし、おかしな借金があるようなら、相続放棄も考えなきゃいけないな」

「相続を放棄したら、この家も人手に渡るのかしら」

「住んでいる家までは追い出されないだろう」

「そんなの楽観的過ぎよ。貸し手から見れば、借金は返さないで資産だけ相続するなんて許せるはずないわ」

一郎も、確かにそうだと思った。

しかし、桃太郎が借金をしているという証拠もないので、直ちに何か対応する必要があるわけでもない。

「まあ、親父の財産や借金については、多古川の叔父さんに聞いてみるとして、とりあえず、銀行の相続手続きを進めなきゃならないな」

花子の機嫌が、「多古川」の名を聞いて、さらに悪くなった。桃太郎の実弟のイカ夫は多古川家に養子にいったが、桃太郎が元気な間はよく訪ねてきていた。しかし、がめつい性格のうえ、態度が横柄で行儀も極めて悪いため、花子の評判はすこぶるよくない。

「何か悪い予感がするわ。それより、うちにも多少のお金があるし、香典もいただいているので、葬儀代はそれで払いましょう」

「そうだな、多古川の叔父さんに話すのはやぶ蛇かもしれないな」と一郎も賛成した。

⇩弁護士から山田一郎さんへのアドバイス

(1)相続財産の範囲について

被相続人が死亡したときは、被相続人の死亡時に被相続人の財産に属したいっさいの権利義務が、原則として相続の対象となります。

すなわち、被相続人が有していた現金、不動産、有価証券、預貯金債権などのプラスの財産はもちろん、借金や未払いの税金などのマイナスの財産も相続されます。プラスの財産だけを相続して、マイナスの財産は相続しないということはできません。

ただし、被相続人の一身に専属する権利は相続の対象とはなりません。被相続人の一身に専属する権利とは、その性質上被相続人のみに帰属すべき権利を意味します。例えば、使用貸借における借主の地位、組合員の地位のほかに、扶養請求権などが被相続人の一身に専属する権利といわれています。

一方、香典、葬儀費用は、相続開始後（被相続人の死亡後）に発生したものですので、相続財産には含まれません。

香典は、死者への弔意と、遺族の葬儀費用などの経済的負担の軽減を目的とするものであり、一般的には喪主への贈与と考えられています。

では、相続財産から葬儀費用を支出することはできるでしょうか。

相続人や受遺者など利害関係人が全員同意すれば、相続財産から葬儀費用を支出することはもちろん可能です。しかし、全員の同意を得られない場合もあります。

この点に関しては、法律の定めはなく、最近の裁判例では、葬儀費用は喪主が負担すべきとしたものもありますが、被相続人の家族等との生活状況、その地方における慣習などにより異なるものと思われます。

一般的には、まず香典を葬儀費用の支払いに充て、不足する分を相続財産から支出するという処理がされていることが多いのではないかと思われますが、次に述べるように、相続財産から支出すると相続を単純承認したのではないかという問題が生じます。

(2) 相続の承認と放棄について

相続人が、相続財産を、プラスの財産もマイナスの財産もすべて承継することについて、これを承認することを「単純承認」といいます。

しかし、相続財産が、プラスの財産よりも、借金等のマイナスの財産のほうが明らかに多い場合もあります。このような場合に、相続人が常に単純承認をしなければならないとすると、相続人は、自分の財産で被相続人の借金を弁済しなければならなくなってしまいます。また、相続人によっては、生前の被相続人との関係などから、プラスの財産であっても相続を望まない場合も考えられます。相続人が複数いるような場合に、相続人間の話し合いにより、生前に被相続人と同居して面倒を見ていた親族が、遺産も相続するようなこともあると思われます。

そこで、相続人が、プラスの財産も、マイナスの財産も、いっさいの被相続人の権利義務を承継しないとすることができるようになっています。これを「相続放棄」といいます。

相続を放棄すると、プラスの財産のほうが多くても、いっさい、相続することはできません。

また、プラスの財産の範囲内でマイナスの財産を引き継ぐこともできます。これを「限定承認」といいます。

なお、相続人が複数いる場合に、相続放棄は相続人1人でもできますが、限定承認は相続人全員が共同して行わなければなりません。

相続放棄や限定承認では、少なくとも相続人自身の個人財産で被相続人の借金を弁済する責任を負うことは回避することができます。

相続人は、この単純承認、相続放棄、限定承認の3つの方法を選択することができます。しかし、相続放棄、限定承認を選択する場合には、自己のために相続が開始されたことを知った日（通常は被相続人が死亡したことを知った日）から3か月以内に家庭裁判所での手続きが必要です。3か月以内に手続きをとらなかった場合には、単純承認したものとみなされますので注意が必要です（この3か月の期間の計算については問題があります。詳しくは、エピローグのコラムをご覧ください）。

また、相続人が、相続財産の全部または一部を処分したときにも単純承認したものとみなされます。例えば、相続財産である不動産を売却した場合や預金を引き出して自己のために使った場合などがこれに当たります。なお、相続財産から葬儀費用を支出する行為は、ここでいう相続財産の処分には含まれないとした裁判例がありますが、法律の条文上は必ずしも明確ではないので注意が必要です。

一郎さん、わかりましたか？

●シーン2　死者の財布をあてにする（後編）

「そうか、相続財産に手をつけると借金があっても逃れられなくなるんだな」

一郎は納得した。

「葬儀代くらいはお義父さんの財産を使わなくても大丈夫そうよ。それより、多古川の叔父さんに何か余計なことをされないように気をつけないといけないわね。最近は、結構お金に不自由しているらしいし。これまでも、事業に失敗して借金取りから逃げ回っていたこともあるらしいわよ」

「やれやれ、困ったもんだな。しかし、多古川の叔父さんは相続人でもないし、何か手続きで協力してもらわないといけないというようなこともないので、まあ、心配することはないだろう」と一郎は言ったが、後になって、それがとんでもない間違いだということに気づくことになる。

コラム

1　生命保険金（死亡保険金）

民法上は、生命保険金は、保険金受取人として特定の人が指定されている場合には、その人は、保険契約における固有の資格に基づいて保険金を受け取るのであって、保険金は相続財産ではないと解されています。相続財産ではない以上、指定された受取人が相続放棄をしていた場合であっても、生命保険金を受け取ることができます。また、生命保険金を受け取ると単純承認とみなされたり、相続放棄ができなくなるといったこともありません。ただし、税法上では、生命保険金も相続税の対象になることに注意が必要です（詳しくは、安息日の章をご覧ください）。

2　相続財産の調査

被相続人にプラスの財産を超える多額の借金等があった場合に、相続人が単純承認したり、または単純承認とみなされる相続財産の処分をしてしまうと、相続人は、自分の財産で被相続人の借金を弁済しなければならなくなってしまいます。

その意味でも、相続財産の調査は、早期に、かつ慎重に行う必要があります。

預貯金の残高は通帳・証書を見ればわかりますが、通帳や証書を紛失していたり、別の親族が預かっていることがあるかもしれませんので、金融機関で残高証明書を発行してもらうべきでしょう。通帳・証書が見つからない場合には、利用していた可能性のある金融機関に、被相続人名義の口座の有無を確認する必要があります。

不動産については、固定資産税の納付書等があれば存在や評価額がわかりますが、納付後に譲渡したなど権利関係が変動している可能性もありますので、土地や建物の権利関係が記載された登記事項証明書（登記簿謄本）を取得しましょう。

借金等の負債については、家族に隠している場合もありますので特に慎重に調査する必要があります。被相続人宛の請求書や借用書がないかどうかを調べたり、クレジット情報などを管理している個人情報信用機関に、被相続人の情報開示を求めることも可能です。

相続人が調査するのが困難な場合には、専門家に相談・依頼することも検討してみましょう。

3 相続預貯金の取扱い

相続人が、金融機関に被相続人の預貯金の残高証明書の発行を依頼した場合等、金融機関が口座名義人が死亡したことを知った場合には、被相続人名義の口座が凍結され、相続人は、預貯金を払い戻すことができなくなります。

この相続預金の払戻しを受けるためには、金融機関の多くでは、相続人全員の実印を押捺した同意書と印鑑証明書の提出または相続人全員の署名押印（実印）のある遺産分割協議書の提出を求められます。ただ、最近では法定相続分の支払いであれば応じる金融機関も増えています（詳しくは、第9日のコラムをご覧ください）。

４　限定承認の手続き

限定承認を行う場合、財産目録を作成したうえで、家庭裁判所に限定承認の申述を行う必要があります。

限定承認の申述が裁判所に受理された後は、①被相続人の債権者（相続債権者）に債権を届け出てもらい、②債務の弁済のために被相続人の資産を売却する必要があれば競売等を行ったうえで、③各相続債権者に対し、被相続人の資産をもって弁済する（全額の弁済ができないときは債権額の割合に応じて弁済する）ことになります。これら一連の手続きは、相続人が進めることになります。

第2日

遺産は誰がいくらもらえるの？

●シーン1　孫の手も魚拓も相続財産（前編）

「しかし、子孫が多いと財産は目減りするもんだな」

山田一郎は、思わず、そう呟いた。

山田桃太郎の相続人は、息子の一郎のほか、母のふじ子、桃太郎と前妻浦島もも子との間の子で既に亡くなっている小太郎の子のさくらとあざみの4人である。

つまり、単純にいえば、1人の財産を4人で分けることになる。

「お義母さんの相続分が一番多いんじゃないかしら。確か、夫や妻は財産の半分くらいを相続すると聞いているわ。どうせ老い先短いのだから、若い人にたくさん相続させればいいのに」と花子が言った。

花子は、ここ数年認知症が進んでいた桃太郎や、年齢のせいで桃太郎の介護ができなかったふじ子には厳しい。

一郎は、花子の「老い先短い」という言葉には気づかないふりをして、「夫や妻は共同して財産を築いたと考えるのだろうね。それに、いずれ、次の世代に受け継がれるのだから、不公平とも言えないだろう」となだめにかかった。

　しかし、花子は、

「相続のたびに相続税を取られるのだから、どんどん目減りしてしまうわ」と、まだ不満そうな様子だ。

　一郎は話題を変えて、「本当に、多古川の叔父さんには何も遺産を渡さなくていいかなあ」と花子に尋ねた。

　一郎としては、「渡す必要なんかないわよ」という強い回答を期待したのだが、花子は、

「そうね。必ず何か言ってくるわね」と不吉な予感を口にした。

「何か、形見分けにいいものはないかなあ。形だけでも、イカ夫叔父さんが何かもらったように見せないと、納得しないだろう」

「お義父さんが愛用していた孫の手はどうかしら。兄弟だから背骨の形もきっと似ているでしょうからフィットするに違いないわ」

「背骨の形は関係ないよ。それに、死んだ兄弟が使っていた孫の手なんて、気持ち悪くて使えないんじゃないか」

「お義父さんが、昔、釣りをしていたころの魚拓が、いっぱい残っているわ。あれを贈ったらどうかしら。長ぐつの魚拓とか、牛乳ビンの魚拓とか珍しいものもあったはずよ」

「長ぐつは魚拓とは言わないだろう。それに釣った人でなければ、魚拓なんてただのゴミだよ。釣り竿は親父が釣りをやめて使わなくなったので、とっくに処分したはずだし、もらうほうが『形見分け』と思ってくれるものじゃないと意味がない。どうも適当なものがないなあ」

「お義父さんはあまり持ち物にもこだわらなかったので難しいわね。ちょっともったいないけど、多古川の叔父さんがお義父さんを訪ねて来た時に、よく2人で将棋を指していたから、あの将棋盤と将棋の駒をあげたらどうかしら」

「あれなら納得するかもしれないな。結構高級品だったはずだが、うちでは使い道がないし、中古品では売ろうとしても売れないだろう」

「高価な物だとしても場所を取るだけ厄介だわね」

その時、玄関の呼び鈴が鳴って、花子が出てみると、多古川イカ夫が大きな風呂敷包みを持って玄関口にいた。

一郎も玄関に出て、用件を尋ねてみると、イカ夫は、

「いや、兄貴が亡くなってみんな寂しい思いをしているだろうと思って、いい物を持ってきてやったぞ」と言って、風呂敷包みから大きな碁盤と碁石を出した。かなり使い込んだものらしく、しかも保存もいい加減だったと見え、塗装はあちこち剥げ、木も「ささくれ立って」いるし、碁石も縁が欠けていたり割れていたりと、粗大ゴミとしか言いようがない。碁盤には、何だか歯形のような跡まである。

「親父が亡くなってからは、うちでは、誰も碁を指さないので」と一郎はやんわり断ろうとしたが、イカ夫は、「これは、兄貴がうちに来て使っていたものだ。碁盤があるのだから、これからはじめればいいだろう。せっかく持ってきたのだから受け取るのが礼儀だ。ところで、兄貴は財産をたくさん残したんだろうな。碁盤の代わりにもらってやってもいいぞ」と言って、なかなか退散しようとしない。

「いやいや、叔父さん、財産といえばこの家くらいで、そんなにありません」と一郎はそっけなく答えた。

しばらく玄関で押し問答をしていたが、そのうちイカ夫は急に具合でも悪くなったの

か、「また、いい物を持ってくるぞ」と言い残してそそくさと帰って行った。

「やれやれ、結局、碁盤を置いていってしまった」

「玄関先の庭にでも置いておきましょう。汚いけど、植木鉢の台くらいにはなるわ」

「将棋盤も、同じように使ってもいいな。

ところで、遺産を分けると、相続人はちょうど4人だから、お母さんと僕の分がうちに、さくらさんとあざみさんの分が浦島家に行くことになるな。うちに残るのは半分だけか」

「それじゃあ、割が合わないわ。お義父さんはずっと前に離婚して、小太郎さんたちは、うちから出ていったのだから。あなたやお義母さんに頑張ってもらわないと」と、花子はなぜかここだけは義母の肩を持つ。

さらに、「それより、多古川の叔父さんは、『また、いい物を持ってくる』と言っていたけど、何か変な物を持ってくるんじゃないかしら。さくらさんたちには、それでもあげればいいのよ」と続けた。

「まあ、相続の割合は法律で決まっているのだろうから。多古川の叔父さんは財産をほとんど使い果たしたはずだから、良いにしても悪いにしても、たいしたものは持ってこないだろう」と一郎は安心させるように言った。

⇩弁護士から山田一郎さんへのアドバイス

(1)相続割合の呼び方(相続分)について

相続人が複数いる場合、相続財産をどう分けるかが問題になりますね。

民法は、相続人全員が相続財産を「共有」する、つまり全員が共同して権利を持っている状態になるものと定めています(なお、相続開始と同時に相続人に分割承継される銀行預金などの可分債権は除かれると解されています。詳しくは、第9日のコラムをご覧ください)。

相続開始と同時に分割される財産はもちろん、このように共有される相続財産についても、相続人ごとの持分の割合が決められます。つまり、それぞれの相続人が、相続財産全体のうち具体的にどれだけの割合について権利を有しているかが決められるのです。

●相続人の組み合わせと法定相続分

相続人の組み合わせ	法定相続人
配偶者と子	配偶者＝1/2、子＝1/2
配偶者と直系尊属	配偶者＝2/3、直系尊属＝1/3
配偶者と兄弟姉妹（甥、姪）	配偶者＝3/4、兄弟姉妹＝1/4

この割合を「相続分」と呼んでいます。

相続分の決められ方には2つのパターンがあります。1つは、被相続人が遺言を残していて、その中で各相続人の相続分を指定している場合です。もう1つは、被相続人による指定がない場合で、この場合には、民法の定めによって相続分が決められます。法の定めによって決まる相続分なので、「法定相続分」と呼んでいます。

今日は桃太郎の葬儀から2日目ですが、まだ桃太郎の遺言書が見つかっていないので、ここでは、一郎たちの法定相続分がどのように決まるかについてご説明しましょう。

法定相続分は、相続人の組み合わせによって定まります。配偶者がいる場合、具体的には、上記の表の通りとされています。

プロローグでは、被相続人に配偶者がいた場合、配偶者は必ず相続人になるとご説明しました。また、被相続人に①子、②直系尊属（被相続人の親やそのまた親）、または③兄弟姉妹（兄弟姉妹が死亡している場合の甥、姪）がいた場合、この①～③のうち番号が最も若いグループのみが相続人になることについてもご説明しました。以上から、相続人が複数いる場合、相続人の組み合わせは必ず前頁の表のいずれかとなり、それ以外の組み合わせとなることはあり得ないことがおわかりいただけると思います。

被相続人の子、直系尊属または兄弟姉妹は、場合によっては複数いることがあり得ます。その場合には、前頁の表に記載された相続分を、頭数で割って各相続人の法定相続分を算出することになります。例えば、配偶者が１人で子が３人の場合、子１人当たりの法定相続分は、「1/2×1/3＝1/6」となります。

(2) 妻と子が相続する場合の相続分について

さて、山田一郎のケースについて考えてみましょう。桃太郎の相続人は、妻のふじ子、子の一郎、孫のさくら、あざみの計４名ですが、まずは事案を単純化して、仮に小太郎が健在であった場合について考えてみたいと思います。

この場合、小太郎は桃太郎の子として相続人になりますので、そのさらに子であるさくら、あざみについて、代襲相続は起こりませんね。そうすると、相続人は、ふじ子、一郎、小太郎の3名ということになります。

この場合の法定相続分はどうなるでしょうか。62頁の表をご覧ください。配偶者と子が相続人になるケースですので、配偶者が2分の1、子が2分の1の取り分ということになります。そして、子が2人いますので、2分の1を均等に分け合って、4分の1ずつを取得することになります。

したがって、小太郎が健在の場合の各自の法定相続分は、ふじ子が2分の1、一郎が4分の1、小太郎が4分の1ということになります。

(3)代襲相続の場合の相続分について

それでは、小太郎が既に死亡している実際の事例についてはどうでしょうか。この場合、小太郎の子であるさくら、あざみが代襲相続人となるので、相続人は、ふじ子、一郎、さくら、あざみの４名になります。

先ほどと同様に、配偶者であるふじ子の相続分は2分の1となります。そして、代襲相続人であるさくらとあざみは、小太郎が生きていたら得られたはずの相続分（1/2×1/2＝1/4）を、さらに2人で分けることになります。

したがって、法定相続分は、ふじ子が2分の1、一郎が4分の1、さくらが8分の1、あざみが8分の1ということになります。

以上からおわかりの通り、法定相続分は、相続人の立場によって異なりますので、「相続人が４人だから取り分は4分の1ずつ」というような単純な話にはならないわけです。

一郎さん、わかりましたか？

●シーン2　孫の手も魚拓も相続財産（後編）

「そうか、お母さんは半分相続するし、僕はその残りの半分を相続するから、財産の

4分の3はうちに残ることになるな」

一郎はほっとした。

「それでも、4分の1はさくらさんたちに渡ってしまうのね」と花子はまだ不満そうだ。

認知症が進んだ桃太郎の介護は、もっぱら花子が1人で行っていた。一郎もふじ子もほとんど役に立たなかったし、花子は、そのためにパートの仕事も辞めたはずだ。花子にしてみれば、さくらたちとは会ったこともなく、まして桃太郎の介護などをしてくれたわけでもないので、桃太郎の遺産を渡すことは我慢できないのだろうと桃太郎は思った。

「まあ、法律の定めだから仕方がない。さくらさんたちが遺産を受け取るとしても4分の1だし、母の遺産は、ほかに親戚がいないから多分僕が相続することになるだろう。結局、こちらに4分の3残るのだから、一般常識からいっても、妥当な結論になるように法律は作られていると言っていいだろうね」と一郎は花子を納得させようとしたが、後になって、予想していなかったとんでもない話が出てきて唖然とすることになる。

コラム

1　さまざまな場合の相続分

相続人が配偶者と子の組み合わせの場合以外についても、少し考えてみましょう。

例えば、桃太郎が死亡した後に一郎が死亡した場合、一郎の財産の相続はどうなるでしょうか。この場合、一郎には子がいませんので、プロローグでご説明した通り、配偶者と親が相続人になります。

では、この場合の法定相続分はどうなるでしょうか。62頁の表をご覧ください。相続人が配偶者と親の場合、配偶者が3分の2、親が3分の1を取得します。したがって、妻の花子が3分の2を、母親のふじ子が3分の1をそれぞれ取得することになります。

ほかの例を考えてみましょう。桃太郎が死亡した後に、ふじ子が死亡し、その後一郎が死亡したという場合はどうでしょうか。この場合は、ふじ子の遺産（夫桃太郎からの遺産も含む）を唯一の相続人である一郎が相続し、その一郎の遺産について、一郎の配偶者である花子が相続人の１人となることはおわかりだと思います。この場合、一郎には子がおらず、親もいませんので、もし兄弟である小太郎が生きていたならば、小太郎は花子と共に相続

●昭和55年以前の民法における相続分

相続人の組み合わせ	配偶者の法定相続分
配偶者と子	1/3
配偶者と直系尊属	1/2
配偶者と兄弟姉妹（甥、姪）	2/3

人になるはずでした。しかし、小太郎は既に死亡しています。もっとも、兄弟姉妹については、代襲相続が生じますので、小太郎の子のさくらとあざみが代襲相続人になります。なお、小太郎と一郎は母親が異なりますが、一方の親を共通にするだけの兄弟姉妹であっても、民法上の兄弟姉妹に該当します（ただし、兄弟の1人が死亡して兄弟間で相続が発生した場合、両親が共通する兄弟と一方のみが共通する兄弟では相続分が異なることがあります。民法900条4号但書参照）。

この場合の法定相続分は、もうおわかりだと思います。相続人が配偶者と兄弟姉妹の組み合わせですので、妻の花子が4分の3を、姪のさくらとあざみが、それぞれ8分の1を取得することになります。

2　配偶者の相続分の変遷

昭和55年以前の民法では、配偶者の相続分は上記の表の通りでした。

62頁の表と比べていただければおわかりいただける通り、どの組み合わせの場合についても、配偶者の相続分が現在より少なくなっています。逆にいえば、昭和55年に民法が改正された際に配偶者の相続分が増えたわけですが、これは、昔に比べて1世帯当たりの子どもの数が減ったこと（子どもの数が減って、子ども1人当たりの取り分が大きくなったので、子ども全員についての相続分を減らしてもいいだろう、という考え方です）や、生前の夫の財産形成に対する妻の貢献を、相続分にもっと反映させようという考え方を踏まえた改正だったといわれています。

第3日

遺言書はどのように書けばいいの？

●シーン1　イカにも怪しい遺言書（前編）

「しかし、法律通りに相続割合が決まるのなら、誰も親孝行をしなくなるな」

山田一郎は、思わず、そう呟いた。

「親孝行な子どもに遺産を残したいのであれば、そういう遺言を作ればいいのよ」

妻の花子は、一郎の亡父で被相続人の桃太郎が遺言を残していないことに不満そうだった。

「確かに、もし、親父が遺言を残すのなら、同居していたお母さんや僕に財産を残しただろうね。ただ、最後は完全に呆けていたから、遺言書を書くなんて無理だったな。やはり遺言書を残すのなら、元気なうちに書かないと」

「そういえば、最近、『エンディング・ノート』が流行っているわね」

「しっかりしている間に手当てしておこうと考える人が増えているのだろう。親父も、呆けた状態でおかしな遺言書を残していないだけ、まだましかもしれないな」と一郎が言った時に、玄関の呼び鈴が鳴った。

花子が玄関に出てみると叔父の多古川イカ夫が、今日は小さな鞄を持って玄関口にいた。

「昨日は、邪魔をしたな。それはそれとして、こういう物があるんだが、どうすればいいかな」とイカ夫は横柄に言って、「遺言書」と書かれた封筒を鞄から出した。

そして、イカ夫は、一郎たちによく見えるように、封筒から中身を取り出した。封筒には、特に封はされていなかった。

封筒の中には、普通の紙が1枚入っているだけだった。

イカ夫がその紙を広げると、そこには「私の金は、すべて弟の多古川イカ夫に残してやるぞ。平成25年（紀元２６７３年）12月31日　山田桃太郎」と手書きで書かれ、「山田」という認印が捺印されていた。

「さあ、これをどうしようかなあ」とイカ夫は、いかにも「どや顔」で言った。

一郎も花子も、しばらく呆然としていたが、そのうち、奇妙なことに気づいた。

「平成25年12月だと、父は完全に呆けていて、字を書いたりできなかったはずですが…」

「そうかなあ。俺が、年末に兄貴に会いに来た時だよ。この時は、たまたま意識がはっきりしていたんだな」とイカ夫はとぼけた。

「この字は、随分しっかりしているわ。とてもお義父さんの字には見えない」

「まあ、遺言書だと思って、注意して丁寧に書いたんだろう」とイカ夫はさらにとぼける。

「この『紀元2673年』というのは何だろう」

「何だ、君らは知らんのか。平成25年は神武天皇即位から2673年目にあたる。そんなことは常識だぞ」とイカ夫は居丈高に言ったが、一郎の不信は増すばかりだった。

戦前の日本で、そのような紀元を祝う行事があったが、一郎の記憶では、桃太郎が「紀元暦」を使ったようなことはなく、普通に平成や昭和などの年号を使っていた。別に、桃太郎が戦前を懐かしがったり、神道に興味を持ったようなこともない。それどころか、初詣に行くことも面倒がり、宗教などまったく縁がない父親だった。そういえば、桃太郎は生前、イカ夫は酒が入ると軍歌をいつも歌っていたと聞いたことがあるし、イカ夫は桃太郎の葬儀の日にも、酔っ払って何やら軍歌らしいものをうなっていた。イカ夫は相当古い体質の持ち主のようだ。

「何で、イカ夫叔父さんが、この『遺言書』を保管していたのですか」と一郎はできるだけ丁寧に尋ねてみた。

「それは、俺が一番信頼できるからに決まっているだろう」

「どうも、父の書く文章とはトーンが違うように思えるのですが。父なら単に『平成25年』と記載したでしょうし、『残してやるぞ』ではなく『残す』と書いたと思います」

「そんなことはないぞ」

「父は、叔父さんの目の前でこの『遺言書』を書いたのですか」

「当然だ。俺の目の前で書いたぞ。そのまま封をしたんだから間違いないぞ」

「でも、この封筒は封がされていないですね」

イカ夫は、一瞬、「しまった」というような表情を見せたが、「そうだったな。ちょっと言い間違えた」とごまかそうとした。

一郎はカマをかけてみることにした。

「この字は、叔父さんの字によく似ていませんか？　父の意思だとしても、叔父さんが、代筆して書いたのではないですか？」

「ふーむ。そうだった。確かに、兄貴に頼まれて兄貴が言う通りに書いた。人によっては代筆とも言うな。しかし、兄貴が言った通りに書いたのだぞ。手書きで書いてあるし、はんこも押してあるぞ。わざわざ、俺が「山田」という認印を買ってきたんだから間違いない。はんこ代が400円だったから、消費税を含めて432円もかかった。はんこ代も出してもらいたいくらいだ」とイカ夫はなお、「遺言書」が有効だとして押し通すつもりらしかった。

一郎も花子も、言葉が出なかった。

⇩弁護士から山田一郎さんへのアドバイス

(1) 遺言の方式

15歳以上の遺言をする能力を持った人であれば、誰でも遺言をすることができますが、遺言は、本人が死亡した後になってはじめて内容の確認がなされるため、遺言書に書かれた内容の遺言が本当にされたのかどうかを本人に確かめることができません。そのため、遺言は、どのような方式でも許されるのではなく、民法によって決められたルールに従ってされなくてはいけないこととされています。民法では、「遺言は、この法律に定める方式に従わなければ、することができない」と定められているのです。

では、民法によって決められたルールとはどのようなものでしょうか。民法では、通常、遺言は次の３つの方式のいずれかによらなければならないこととされています。

①自筆証書遺言…遺言者が自筆することにより作成される遺言

この場合、（ｉ）本文、作成日付、氏名をいずれも自書したうえ、（ⅱ）自ら押印することが必要となります。

②公正証書遺言…公証人の関与のもと公正証書を作成して行う遺言

この場合、（ｉ）遺言者は、証人の立会いのもと遺言の内容を公証人に口授し、（ⅱ）公証人がこれを書きとって遺言者と証人に読み聞かせるか閲覧させ、（ⅲ）遺言者・証人が書きとられた内容を承認して、公証人と共にそれぞれ署名押印するという手続きが必要となります。

③秘密証書遺言…公証人の関与のもと封書を作成して行う遺言

この場合、（ⅰ）遺言者が遺言書に署名押印したうえで封印し（本文の筆者は遺言者本人でなくても問題ありません）、（ⅱ）これを公証人・証人の前に提出して、自己の遺言書である旨と本文の筆者の氏名・住所を申述したうえ、（ⅲ）公証人がこの申述内容を封紙に記載し、遺言者・証人と共にそれぞれ署名押印するという手続きが必要となります。

これらのほかに、危篤状態となった際に遺言をする場合など、特別なケースにおける遺言のルールも定められていますが、非常に例外的なものですのでここでは省略します。

さて、一郎のケースについて考えてみましょう。イカ夫が持ってきた遺言書は、公証人が関与せずに作成されたものですから、②の公正証書遺言や③の秘密証書遺言に該当しないことは明らかでしょう。そうすると、①の自筆証書遺言の方式を守って作成されていなければなりません。しかし、イカ夫が持ってきた遺言書は、桃太郎が本文、日付、氏名を自書したものではありませんし、桃太郎が印を押したものでもありませんから、自筆証書遺言の方式が守られているとはいえません。

（２）方式違反の遺言書の有効性

それでは、イカ夫が持ってきた遺言書は有効なのでしょうか。

民法に定められたルール（方式）を守っていない遺言書は無効となり、そこに書かれた遺言の内容は効力を有しないことになります。例外として、方式違反が軽微な場合（例えば、訂正箇所には印を押さなくてはいけないのですが、訂正印の押し忘れがあった場合）には遺言書はなお有効であると考えることも可能ですが、そのような軽微な違反であっても、現実には有効か無効かの解釈が分かれることがあります。

一郎のケースは、イカ夫が持ってきた遺言書は、自筆証書遺言の方式をまったく守っていませんから有効と解する余地はなく、形式上無効であることは明らかです。

（３）遺言能力

このケースでは、遺言書が作成された平成25年12月当時、桃太郎はかなり認知症が進んでいました。そうすると、桃太郎は、そもそも遺言をなしうる状態にあったといえるのでしょうか。

遺言が行われる際には、遺言者の意思が正確に反映されなくてはなりません。そこで、遺言者が認知症などによって自分の意思を表示することができない場合や年齢が低過ぎるために自分のする遺言の意味を理解判断できない場合には、遺言をする能力（遺言能力）がないとされます。そして、遺言能力がない人のした遺言は無効となります。

桃太郎は、平成24年はじめころから、一郎やふじ子が家族であることも思い出せない状態だったと一郎は言っています（プロローグのシーン1をご覧ください）。そうだとすると、平成25年12月には桃太郎には遺言能力がありませんから、仮に桃太郎が形式的に民法の規定に合った遺言を残したとしても無効となります。したがって、イカ夫が持ってきた遺言書は、この点からも効力が認められる余地はありません。

一郎さん、わかりましたか？

●シーン2　イカにも怪しい遺言書（後編）

「この遺言書は何から何まで無効です。そもそも、平成25年12月には父は完全に呆けていたので、遺言書を残すことはできません。仮に能力があったとしても、この『遺言書』は本文も日付も署名も父が自分で書いたものではないですし、自分で押印したものでもないので、どちらにしても遺言書の要件を満たしません」と一郎はきっぱり言い切った。

「そんなことがどこに書いてある？」

「民法を読めばわかります」

「そうか、おまえたちは遺言書を認めないんだな。それなら、はんこ代の432円を返してくれ」

「平成25年なら、消費税は5％ですから、420円のはずではないですか」と、花子が指摘した。

イカ夫は、一瞬うろたえたが、「それだけ不要な出費をしたということだ。どうしてくれる。まあ、俺を甘く見るなよ」などと言い捨てて、何とかごまかすことができたと思ったのか、そのまま引き下がった。

「紙も新しそうだし、お義父さんが死んでから作ったものに間違いないわ」と花子が断言した。

「遺言書をでっちあげるなんて犯罪行為だ。しかし、はっきり拒否したから、これからはこんなことはしないだろう」と一郎は言ったが、後になって、イカ夫は、そんなことでは懲りないことに気づかされることになる。

コラム

1 遺言書の代筆

民法は、遺言について、原則として自筆証書遺言（968条）、公正証書遺言（969条）、秘密証書遺言（970条）の3つの方式を定めています（そのほかに、病気や事故で死亡の危険が切迫した場合や乗船した船舶が遭難した場合など特殊な場合について特別の方式の定めがあります。976条〜984条）。では、桃太郎のように、遺言書を自筆できない場合、他人に遺言書を代筆してもらうことは許されるのでしょうか。

まず、①自筆証書遺言の場合は、遺言者が自筆することが必要とされていますから、代筆は許されません。

これに対し、②公正証書遺言の場合は、遺言者が口授した内容を公証人に書きとってもらうことになるため、例えば遺言者が手が不自由で書面を作成できないような場合でも作成が可能といえます。もっとも、遺言の内容の口授はあくまで遺言者本人が行う必要があり、第三者がこれを代弁することはできません。

③秘密証書遺言の場合は、他人の代筆も有効です。もっとも、代筆される遺言の内容は、遺言者の意思に基づくものでなければなりません。

2　遺言書の検認手続き

民法では、遺言書を保管する人は、相続の開始を知った後に遅滞なく、遺言書を家庭裁判所に提出して遺言書の検認を請求しなければならないと定められています。この遺言書の検認という手続きは、相続が開始した後に、遺言書が偽造されたり、改ざんされたりすることによるトラブルを防ぐため、家庭裁判所が遺言書に書かれた遺言の内容をチェックする手続きです。遺言書の検認手続きは、作成の際に公証人による内容のチェックを経ている公正証書遺言の場合を除き、すべての遺言書について必要となります。この際、遺言書が封印をされたものである場合は、開封の手続きも家庭裁判所で行う必要があります。これらの手続きを経ずに遺言書を取り扱うと5万円以下の過料が科される場合がありますので、遺言書を保管する立場になった場合は注意が必要です。

一郎のケースについて見てみると、イカ夫は、桃太郎の遺言書（であるとイカ夫が主張しているもの）を保管しているのですから、それが事実であれば、遺言書の検認を家庭裁判所に申し立てなければならないことになります。

なお、家庭裁判所の検認手続きは、「ある方式に従って作成された外見を有する遺言書が存在する」という遺言書の状態を確定するものであって、それが遺言者の真意に基づいて作成されたかものかどうか、遺言者が実際に自分で書いたものかどうかなど実質的内容まで確認されるわけではありません。遺言書が偽造された疑いがあるような場合は、裁判所の検認を受けた遺言書であっても、遺言無効確認訴訟などにより、その遺言の真偽を争うことができます。

第4日

突然「子ども」と称する人が現れたら？

●シーン1　鬼が島から来た相続人（前編）

「しかし、変な親戚がイカ夫叔父さん1人で良かったな」

山田一郎は、思わず、そう呟いた。父桃太郎の実弟イカ夫はがめつい性格のうえ、態度が横柄で行儀も極めて悪く、一郎も妻の花子もへきえきしている。

「お義父さんも、あれでも結構美人好きでしたからね。やっぱり兄弟だわ」と花子が応じた。

一郎は、「あれでも」の内容を具体的に確認したいのを我慢して、「小太郎さんと僕は母親が違うが、どちらも結婚している時に生まれたから、その意味では問題を残さないように気をつけていたのかもしれないな」

「そうかしら。結果オーライのような気もするわ」

やや険悪な雰囲気に進みそうになった時、玄関の呼び鈴が鳴った。

「また、イカ夫叔父さんかしら」

花子がいかにも嫌そうな顔なので、一郎も関係修復のため一緒に玄関に出てみたところ、見知らぬ初老の紳士が立っていた。

「あの、どちらさまでしょうか」

「はじめてお目にかかります。私は鬼瓦三太郎と申します。突然お邪魔してご迷惑をおかけします。どうしようか迷ったのですが、山田桃太郎氏が亡くなったとお聞きして、やはりご家族にお目にかかるべきだと思いました。実は、私は山田桃太郎の息子です」

一郎は、しばらく息ができなかった。

※　※　※

「私の母は鬼瓦まつ子といいます。母は、戦後の高度成長期のころ、東京の場末でスナックを経営していた時に、客として来ていた父と知り合ったそうです。母は80歳を超えましたが、今でも香川県の女木島、通称鬼が島で健在です。

当時の父は態度が大きく、『俺は客だ』というような態度で、いつも横柄な口をきいていたそうです。

私が言うのも何ですが、当時、母は若く、そこそこの美人で、水商売でしたが性格もおっとりしていたので、父は母に好感を持ち、結婚を匂わせて近づいてきたようです」

「美人が好きだったから」と花子が小声で呟いたが、一郎は聞こえないふりをした。

「父は、母に対してだけは、気持ち悪いくらいに丁寧だったので、母も、はじめは毛嫌いしていたようですが、とにかく父は羽振りがよく、大変な金持ちであることは疑いがなかったので、母は生活の安定のために、徐々に父を受け入れて親しくなり、私を産みました。

私が子どものころも、父は何回か私たちの家を訪れ、私と遊んでくれたりしました。時々、妙な歌を歌ってくれましたが、母に聞くと、昔の軍歌だったそうです。

後で母に聞いた話では、母は、結婚の約束を果たすように何回も父に迫ったようですが、はじめのうちはのらりくらりと言い逃れして、そのうち、『あれは約束ではない。約束の予約だ』とか、『約束したのは誰だ。俺じゃないぞ』などと言い張るようになったそうです」

「結局、あなたのお母さんは結婚されなかったのですか」

「はい。父は大金持ちだったらしいのですが、事業に失敗したのか投資に失敗したのかで、徐々に財産を失い、そのうち金遣いが極端にけちになってきました。

以前は、店でも家でも大判振る舞いをして、母はそれを生活費の足しにしていたようなのですが、まったくお金を入れてくれなくなり、逆にお金がないと母の家に来て食事をせがむような始末でした。食欲は、いつも旺盛だったようです。

母も、心底父を慕っていたわけではなく、お恥ずかしい話ですが打算で付き合っていたような事情でしたので、結婚に応じてくれずお金も入れてくれない父に愛想が尽きたのでしょう。ある日、店も住居もたたんで、私を連れて実家のある女木島に帰りました。

父は実家の住所を知っていましたので、母に会いに来たこともあったそうですが、実家の家族が会わせないで追い返したそうです。母からも、『もう会わない』という手紙を出しましたが、宛先不明で戻ってきてしまい、それ以降、手紙のやり取りもなかったようです」

「女木島まで行って、お母さんに会わないで引き返したのですか」

「俺を甘く見るなというう捨てゼリフのようなものを残して帰ったと聞いています。失礼ですが父は虚栄心の強い人でしたので、田舎者の親族に頭を下げたりできなかったのでしょう。

私も子どものころは父と何度か会っていたので、今でも父のことはよく覚えています。父はいつも横柄な態度で、実のところ私も父をあまり好きではありませんでした。

正直に言って、父の姿を見て、私はあのような大人にはなりたくないと思いました。転校したり父がいない寂しさを感じたりもしながら一生懸命勉強して、今では何とか人並みの生活をしています」

「いろいろ苦労されたのでしょうね」と一郎はしみじみと言った。花子は複雑な表情を浮かべている。

「ところで、父が死亡したことはなぜわかったのですか。こちらからお知らせはしていませんし、女木島だと、知りようがないような気がしますが」

「以前にスナックのお客さんだった別の方から、母の所に連絡があったそうです。ただ私はその方は存じ上げないので、それ以上のことはわかりません。ところで、お取り込み中、恐縮なのですが、せめて焼香をさせていただきたいのですが」

一郎は三太郎を仏壇に案内した。

三太郎が、何か思い出にふけっているようなので、仏壇の前に残し、一郎は別室で花子と密談した。

「女好きはどうしようもないわね」

「本当の話かな。僕は、鬼瓦まつ子さんとか三太郎さんの話はまったく聞いたことがない。以前に戸籍謄本をとった時も、そんな人のことは記載がなかった」

「結婚してないから載っていないだけでしょう」

「そうかな。いずれにしても、本当に親父の子なのかどうかは確認しなきゃならないな」

「お義父さんの子だと、相続人になるわね」

「しかし、結婚してもうけた子ではないし、少なくとも同じ割合ではないだろう」

花子が電卓に手を伸ばそうとしたので、一郎は機先を制して言った。

「あなたの取り分が減ることは間違いないわ」と花子はあくまで不機嫌に言った。

⇩弁護士から山田一郎さんへのアドバイス

(1) 法律上結婚していない相手との間の子(婚外子)と相続

婚姻届を出して法律上結婚している男女の間に生まれた子を嫡出子(ちゃくしゅつし)といいます。これに対して、法律上結婚していない男女の間に生まれた子が婚外子(嫡出でない子)です。どちらも生まれた子と親との間には血縁上の親子関係はあります。しかし、血縁上の親子関係と法律上の親子関係は必ずしも一致しません。

具体的には、嫡出子の場合、出生の時から父親との間に法律上の親子関係が発生しますが、婚外子の場合、事実上父親が誰か明らかな場合であっても、父親が婚外子を認知した時にはじめて法律上の親子関係が発生することになります。つまり、父親から認知されている婚外子であれば、父親の相続人となりますが、父親から認知されていないと、法律上は親子関係がないため、父親の相続人にはなりません。

他方、母親との関係では、婚外子であっても、分娩の事実から母子関係が明らかなため認知は不要と考えられており、出生の時から法律上の親子関係があり、母親の相続人になります。

そのため、桃太郎が父親として三太郎を認知していた場合には、両者には法律上の親子関係が発生しますので、三太郎も、桃太郎の相続人になります。

なお、婚外子の相続分については、これを嫡出子の２分の１とする民法の規定（旧900条4号但書前段）がありましたが、最高裁判所は、この規定が、法の下の平等を保障する憲法に違反するとの判断を示しました（本日のコラム１「婚外子の相続分に関する判決」をご覧ください）。

（2）戸籍の記載事項

父親が婚外子を認知すると、父親の戸籍に、認知した婚外子の本籍・氏名と認知した旨の記載がされます。そのため、婚外子を認知したかどうかは、父親の戸籍の記載から確認することになります。

ただし、父親の戸籍に認知の記載がされた後、父親の本籍地が変わったり、戸籍が改製されたりして、父親の戸籍が新たに作成された場合、新しい戸籍には、認知に関する記載はされないことになっています。
そのため、新しい戸籍を見るだけでは、認知したかどうかわからない場合があり、その場合、婚外子を認知したかどうかは、古い戸籍をさかのぼって調べる必要があります（具体的に調べる戸籍の範囲については、本日のコラム2「相続にあたって確認が必要な戸籍の内容」をご覧ください）。一郎が以前に見た桃太郎の戸籍には三太郎のことは書いてなかったようですが、一部の戸籍を見ただけでは、三太郎が桃太郎の相続人（認知された子）でないと断定することはできないのです。

一郎さん、わかりましたか?

●シーン2　鬼が島から来た相続人（後編）

「三太郎さん、お父さんの面影は感じられますか」と一郎はやんわり尋ねてみた。
「そうですね、何となく似てはいるのですが、私の印象と比較すると随分枯れてしまったような気がします。もっとぎらぎらした感じだったのですが、年月が経ったからでしょうか。私が会っていたころは、しょっちゅう煙草を吸ったり唾を吐いたりしていましたが、きっと生活習慣も変わったのでしょう」

一郎は、先ほどから何となく三太郎の話に違和感を感じ、その理由を考えていたが、その時、玄関の呼び鈴が鳴った。

三太郎を残して一郎と花子が玄関に出てみると、予想通り多古川イカ夫がいた。

「今日は、いい物を持ってきたぞ。まあ、これを見てもらおうか」と言って鞄から何か出そうとする。

「すみません、今、お客さんが来ているので、後にしてもらえませんか」と一郎が頼むと、イカ夫は、

「そんなことを言って、この書面を猫ババするつもりだな。俺の目はごまかせないぞ」

などと横柄に言い放った。

そのまま、しばらく押し問答をしていたところ、騒ぎを聞いて三太郎まで玄関まで出てきていた。

花子が気づいて、「ちょっと今、取り込んでいますので」と言って三太郎を元の部屋に戻そうとしたが、三太郎は目を大きく開いたまま動こうとしない。

「どうしたのですか」と一郎が尋ねるのと同時に、三太郎は、イカ夫に向かい、突然、「お父さん！」と大声で叫んだ。

イカ夫も驚いたようで、一瞬動きが止まったが、次の瞬間、もの凄い速さで走り出した。

もっとも、玄関先で、先日自分が持ってきた碁盤に蹴つまづき、したたか尾てい骨のあたりを打ってしまい、碁盤に対して「俺を甘く見るな」などと悪態をついたが、そのようなことをしている場合ではないと気づいたのか、また走り出した。三太郎も、しばらく呆然としていたが、我に返ると、挨拶もそこそこにイカ夫を追って駆け出して行った。

残された一郎と花子は、あっけにとられていたが、一郎はようやく、

「どうも三太郎さんの話を聞いていると、親父より多古川の叔父さんに似ているような気がしていたのだが」と言った。

「兄弟だから似ていたのかと思っていたわ」
「まあ、大したことにならなくて良かった。三太郎さんも父親に会えてめでたしだな」
と一郎は一息ついたが、後になって、三太郎がいて本当に良かったと気づくことになる。

コラム

1　婚外子の相続分に関する判決

婚外子（嫡出でない子）の相続分に関しては、民法９００条４号但書に「嫡出でない子の相続分は、嫡出である子の相続分の2分の1」とする定めがありました。つまり、婚外子は、嫡出子の半分しか相続する権利がないという規定です。

この規定の合理性を巡っては、法律婚という制度を維持するためにはやむを得ない区別だ、といった説明がなされていた一方、親を選べない子にとって、親が婚姻中に生まれたかどうかによって自分の相続分に差を設けられるのはおかしいとして、法の下の平等を保障する憲法14条1項に違反して無効なのではないか、という問題が古くからありました。

この問題に関し、平成25年9月4日、最高裁判所により重要な判断が示されました。

事案は、平成13年7月に死亡した被相続人の遺産分割について相続人である嫡出子と婚外子との間で紛争となり、当事者間での協議による解決ができなかったために、裁判所による遺産分割の審判がなされたものです。

一審の家庭裁判所と二審の高等裁判所は、前記の民法の規定に従い、婚外子の相続分を嫡出子の2分の1とする遺産分割を認めました。

これに対して婚外子側が最高裁判所に不服申立てをしたところ、平成25年9月4日、最高裁判所が婚外子の相続分に関する次の決定を出したのです。最高裁判所は、時代とともに婚姻や家族の実態が変化し、その在り方に対する国民の意識の変化等が見られること等を理由に、前記の民法の規定が「遅くとも平成13年7月当時において、憲法14条1項に違反していた」との判断を示しました。なお、このように、最高裁判所が、法律の規定が憲法に違反して無効であるとの判断を示すことは、「違憲判決」や「違憲決定」と呼ばれ、非常に珍しいケースです。

この最高裁決定を受けて、速やかに法改正が行われ、民法900条4号但書のうち婚外子の相続分に関する定めは削除されることとなりました（平成25年9月11日施行）。この法改正により、平成25年9月5日以降に開始した相続については、嫡出子と婚外子の相続分は同じものとして取り扱われることになりました。

それでは、平成25年9月4日以前に開始した相続における婚外子の相続分ついては、どのように考えればいいのでしょうか。

最高裁判所は、相続が発生した時点を基準に、「遅くとも平成13年7月当時」として、前記の民法の規定が違憲無効となったスタート時点を示していますので、平成13年7月以降に開始した相続については、婚外子の相続分を嫡出子の2分の1と考えることはできず、嫡出子と婚外子の相続分は同じものとして取り扱うべきように思われます。他方で、平成13年7月から平成25年9月4日の最高裁判所による決定までには12年以上もの歳月が経過しており、この間に多くの相続や遺産分割が発生していることは想像に難くありません。そうすると、この12年余りの間に解決された、婚外子が相続人となる遺産分割は全部やり直しとすることは、既に遺産分割は解決済みとしてそれを前提に形成された権利関係等を覆すことになり、大きな混乱を招くことが予想されるところです。

このような点を考慮して、最高裁判所は、同じ決定の中で、民法900条4号但書の「嫡出でない子の相続分は、嫡出である子の相続分の2分の1」とする定めが憲法に違反するとの判断は、平成13年7月から平成25年年9月4日までの間に発生した相続のうち、遺産分割協議や遺産分割の審判によって確定的に遺産の分割が実施された事案に影響を及ぼすものではない、との判断も併せて示しました。つまり、前記の民法の定めがあることを前提に遺産が分割された「解決済み」の事案については、蒸し返しはさせない、ということを述べたのです。反対にいうと、平成13年7月から平成25年9月4日までの間に発生した相続について、平成25年9月4日時点で遺産分割が解決に至っていない事案については、(前記の民法の規定が違憲無効であることを前提に) 婚外子の相続分も嫡出子と同じと考えて進めていいといえそうです。

なお、平成13年7月よりも前に発生した相続についてはどうなるのでしょうか。この点については、前記の最高裁判所の決定でも触れられていませんので、結論がはっきりしないところです。もっとも、前記の最高裁判所の決定に先立ち、平成15年3月28日にやはり最高裁判所が出した判決では、平成12年9月に発生した相続について同じく婚外子の相続分に関する民法の規定の有効性が問題となった事案でしたが、前記の民法の規定は憲法に違反しない（合憲）との判断が示されています。しかし、平成12年10月から平成13年6月までの間（2つの最高裁決定の空白期間）に発生した相続については、最高裁判所の判断は、未だ示されていないことになります。

2　相続にあたって確認が必要な戸籍の内容

（父親の相続人となる）認知した婚外子がいる場合であっても、認知後に父親の戸籍が新しく作成されている場合には、認知に関する記載は出てきません。このほかにも、被相続人が過去に離婚した相手との間の子の有無や、被相続人の兄弟姉妹の有無など、それまでの親戚付き合いで把握できている範囲外の相続人が存在する可能性もあります。このような相続人の正確な把握は、被相続人の最後の戸籍（除斥謄本）を取り寄せて確認するだけでは足らない場合があります。

このため、相続にあたって誰が相続人になるのかを把握するためには、厳密にいえば、被相続人の出生から死亡までのすべての戸籍（戸籍謄本、改製原戸籍謄本、除籍謄本）を取り寄せて、被相続人の一生の身分関係の変動を確認する必要があります。被相続人に子どもがいない場合には、被相続人の両親等の出生から死亡までの戸籍を取り寄せて、直系尊属や被相続人の兄弟姉妹（甥、姪）の有無を確認します。

この相続人の存在を示す戸籍は、相続や遺産分割に関する裁判所での各種手続きを利用する際に必要となるだけでなく、銀行や証券会社などの金融機関で相続手続きをする際にも提出を求められます。

3 認知

本文に記載した通り、法律上の婚姻関係にない男女の間に生まれた婚外子（嫡出でない子）については、父親との関係では、父親が婚外子を認知した場合に法律上の親子関係が発生します。つまり、認知とは、血縁上の親子関係に加えて、法律上の親子関係を発生させるという意思表示、ということができます。

認知は、戸籍法の定めに従い、届出をする方法で行います。具体的には、市区町村の役所の戸籍課で届出をすることになります。また、認知は、遺言によってすることもできます。

認知をすると、その効力は子の出生にさかのぼって生じるとされているため、認知をした時期にかかわらず、子が生まれた時から法律上の親子関係があったものとして取り扱われることになります。

さらに、認知には、父親の意思でする「任意認知」のほかに、父親の意思に関係なく、子や孫等が認知の訴えを起こして裁判により法律上の父子関係を確定する「強制認知」もあります。また、父親が死亡した後であっても、検察官を相手方としてこの訴えを起こすことが認められています（「死後認知」といいます）。

第5日

遺言書にはどのような効力があるの？

●シーン1　おしゃべりな遺言書（前編）

「しかし、多古川の叔父さんも、なかなか隅に置けないな」

山田一郎は、思わず、そう呟いた。父桃太郎の実弟で、多古川家に養子にいったイカ夫叔父は、がめつい性格で態度が横柄なうえ、行儀も極めて悪いという最も女性に嫌われるタイプで、そのせいか未だ結婚していないが、どうやら子どもがいたらしい。

「これで、しばらくうちには来ないでほしいわね」と妻花子が応じた。

「昨日も、何か書類を持ってきたようだけど、何だったのかな」

イカ夫の子どもらしい鬼瓦三太郎が昨日訪れたところで偶然イカ夫と鉢合わせをするという騒動があり、イカ夫が逃走してしまったので、結局、何を見せようとしたのかわからなかった。三太郎はイカ夫を取り逃がしたようだが、一郎はイカ夫の住所を教えたので、後は親子で解決してもらえばいいだろう。

「おかしな物じゃなければいいけど」

その時、玄関の呼び鈴が鳴った。

一郎と花子が玄関に出てみると、やはりそこに多古川イカ夫がいた。「昨日はびっくりしたぞ。何であらかじめ言ってくれなかったんだ」とイカ夫は勝手なクレームを付け、続けて、「さあ、これを見てもらおうか」と言って、「遺言書」と書かれた封筒を鞄から取り出した。

その封筒は、やはり封はされておらず、イカ夫は一郎や花子に見えるように、中の書面を取り出した。

封筒は一般的な郵便用の封筒で、中の書面も市販の便せんのようだ。

その書面には、手書きの文字で次のような内容が記載され、日付（昭和34年６月10日）と、山田桃太郎の署名、山田という認印の捺印があった。

【新たに発見されたという遺言書】

①　家族みんなで仲良く暮らせ。

②　借金は、私が死んだら払う必要はない。

③　遺産のうち、不動産はすべて妻のふじ子に相続させる。
④　遺産のうち、銀行預金は弟の多古川イカ夫に相続させる。
⑤　遺産のうち、株など銀行預金以外の金融資産および動産は、妻ふじ子との間に子どもがいればその子に、いなければ浦島小太郎に相続させる。
⑥　前3項に指定された者が私より先に死亡していた場合は、当該財産は法定相続分に従って相続させる。

「まあ、銀行預金だけだが、兄貴がせっかく残してくれようとしたのだから、もらってやってもいいいな」とイカ夫は横柄に言った。

一郎が見たところ、今回の「遺言書」は、山田桃太郎本人の筆跡に似ているように見える。認印の印影も、先日、多古川イカ夫が持参した書面に捺印されていたものとは異なるが、桃太郎が長年宅配便の受領印などに使用していた印鑑に似ている。ただ、印影は薄くて、かすれているような部分もあった。

「なぜ、イカ夫叔父さんが、この遺言書を持っているのですか」

「兄貴がふじ子さんと結婚したころ、万一何かあったらと考えて俺に預けていたんだ。まあ、俺が一番信頼できたからだろうな」とイカ夫は言ったが、一郎は、おそらく桃太郎が浦島もも子と離婚して、母と結婚したころだったので、本物であれば、母ではなくイカ夫に預けたのだろうと思った。そのころは、イカ夫も財産を使い果たす前でそれほど窮乏していなかったので、ある程度は信頼していたかもしれない。

「今日はコピーを取ってきたから、まあ、ゆっくり見てくれ。コピー代はもらうぞ。1500円くらいだったかな」

「コピー代とわかるレシートがあれば払います」と花子が冷たく言った。

「この前、叔父さんが持ってきた『遺言書』はどうなるのですか。内容が違うようですが」と一郎が尋ねると、

「あれはあれで有効だぞ。それとは別に、銀行預金は俺がもらってやるということだ」とイカ夫は趣旨不明の回答をした。

多古川イカ夫が、「レシートを持ってくるぞ」と言い残して退散したので、一郎と花子

は対策を話し合った。

「この遺言書は、本物かもしれないな」

「お義父さんが、多古川の叔父さんに遺産を残すなんて怪しいわ。印影も薄くてぼやけているし。それに、もう50年以上も前の遺言書よ。時効だわ」

「遺言書に時効があるのかなあ。まあ、この遺言書が有効だとしても、不動産と株は母と僕が相続することになりそうだが」

「銀行預金が多古川の叔父さんに横取りされるのは我慢できないわ」

「銀行には預金はほとんどないよ。しかし、投資信託を買っていたな。あれを葬儀代に充てるつもりだったのだが」

「とりあえず葬儀代は払ったけど、その分、遺産をもらえないと苦しいわね」

多古川イカ夫にできるだけ財産を渡したくないことについては、一郎も花子も一致していたが、なかなか妙案はありそうになかった。

⇩弁護士から山田一郎さんへのアドバイス

(1) 遺言書の記載事項

◆遺言事項

遺言によって法律上効力が生じるとされる事項（遺言事項）は、民法で定められています。遺言書の中に遺言事項ではない事項があるときは、その事項については法律上効力を生じません。遺言事項として民法が定めるものは、次の15種類です。

◆遺言事項

認知、未成年者の後見人の指定、後見監督人の指定、推定相続人の廃除またはその取消、相続分の指定・指定の委託、特別受益の持戻しの免除、**遺産分割の方法の指定・指定の委託**、遺産分割の禁止、**遺贈**、共同相続人の担保責任の減免・加重、遺贈の減殺の順序・割合の指定、財団法人設立のための寄附行為、信託の設定、遺言執行者の指定・指定の委託、祖先の祭祀主宰者の指定桃太郎の遺言書の遺言のうち③と⑤は、遺産を相続人のうちの特定の1人に「相続させる」遺言であり、判例上、「遺産分割の方法の指定」の遺言に当たるとされています（詳しくは本日のコラムをご覧ください）。また、なお、相続人以外の者に対する遺言の場合は、「相続させる」という文言を使っていても、すべて「遺贈（第7日のアドバイス参照）」とされますので、④は、イカ夫への「遺贈」の遺言に当たると考えられます。

では、遺言①はどうでしょうか。家族みんなで仲良く暮らすということは、法律によって実現（強制）することはできない事項ですが、もちろん、民法上の遺言事項でもありません（もっとも、最初にこのことが書かれていることから、家族円満を願う桃太郎の気持ちは強く伝わってきますね）。

遺言②も、民法上の遺言事項ではありませんので、法律上効力を生じるものではありません。借金などマイナスの財産の相続を回避するには、第1日でアドバイスしたように、相続人自ら相続放棄や限定承認の手続きをとる必要があります。

◆遺言書の記載の解釈

遺言⑥はどうでしょうか。本件では、遺言③から⑤で指定されている方たちは生存していますから、実際にこの規定は適用されません。もっとも、仮に、これらの人のうち誰かが桃太郎より先に死亡していた場合には、「法定相続分に従って相続させる」という遺言は、どのような効力を生じるのでしょうか。遺言書の記載の解釈については、文言をそのまま判断するだけでなく、遺言者の真意を探求して、その条項の意味を確定することになります。例えば、桃太郎の遺言書のように、遺言書が複数の条項からなる場合には、そのうちの１つの条項を解釈するにあたっても、遺言書にあるすべての記載との関連や遺言書が作成された当時の事情等を考慮すべきであるとされています。

桃太郎の遺言書の全体を見ると、法定相続人である、ふじ子、ふじ子と桃太郎の子（一郎）、浦島小太郎と並んで、イカ夫に遺産を「相続させる」という遺言④があります。このことから、あるいは桃太郎の「法定相続分に従って相続させる」という遺言は、遺産を、ふじ子ら法定相続人のみではなく、イカ夫にも取得させようという意思だったのかもしれません。しかし、仮にその意思がくみ取れたとしても、イカ夫にいくら相続させようとしたかまではわかりません。したがって、やはり法定相続人に相続させるという趣旨にしか解釈できないでしょう。もし、指定された相続人が自分より先に死亡した場合についても遺言で相続の仕方を指定したいのであれば、それを具体的に記載する必要があります。

なお、一郎も疑問に思っていたように遺言に時効はありませんから、50年以上前に作成されたものでも（その後に作成された遺言書があって、それと矛盾するような場合は別ですが）、遺言書は有効です。

(2) 相続欠格

遺言④には、多古川イカ夫に銀行預金を相続させる（遺贈する）との記載がありますが、堂々と桃太郎の遺言書を偽造するような人に、遺産を渡さなくてはならないというのは、どこか腑に落ちませんね。

このような場合を想定して、民法には相続欠格事由が規定されています。相続欠格とは、相続資格がある者が被相続人やほかの相続人の生命や遺言行為を侵害するような行為をした場合に、その者の相続権を失わせる制度です。相続欠格の制度は、相続人だけではなく、受遺者、つまり本件のイカ夫のように、遺贈を受ける人にも適用されます。

欠格事由は、次にあげる５つです。本件では、イカ夫は桃太郎の遺言書を偽造しましたので、⑸の欠格事由により、桃太郎の遺産の受遺者となることはできません。

一郎さん、わかりましたか？

◆相続欠格事由（民法891条）

〈被相続人等の生命侵害行為に関する非行〉

⑴　故意に被相続人又は相続について先順位若しくは同順位にある者を死亡するに至らせるなどして、刑に処せられた場合

⑵　被相続人が殺害されたことを知ったのに、そのことを告発等しなかった場合

〈遺言への干渉行為〉

⑶　詐欺又は強迫によって、被相続人が相続に関する遺言等をすることを妨げた場合

⑷　詐欺又は強迫によって、被相続人に相続に関する遺言等をさせた場合

⑸　相続に関する被相続人の遺言書を偽造し、変造し、破棄し、又は隠匿した場合

●シーン2　おしゃべりな遺言書（後編）

「多古川の叔父さんがこの前持ってきた遺言書は明らかに偽造したものだから、叔父さんは相続人にはならないな」

一郎は納得して言った。

「でも、叔父さんが争った場合に証明できるかしら。あの『遺言書』は叔父さんが持って帰ったから、今ごろは破り捨てているかもしれないわ」

「まあ、仮に今度の遺言書が有効だとしても、『銀行預金』には残高がほとんどないから、叔父さんにいく財産はないと言っていいよ」

その時、大声が玄関から聞こえてきた。

「おい、コピー代のレシートを持ってきたぞ」

一郎が玄関に出てみると、多古川イカ夫がコンビニのレシートを持って立っていた。

レシートを見ると一郎の家の近くのコンビニで、１４３８円という金額が記載されていたが、よく見るとイカ夫が1回帰った後の時刻が印字されていた。品目のところは何かで汚れていて読めない。

一郎が、時間が違うと指摘すると、イカ夫は、「コンビニの時計が間違っていたんだろう」と言ってごまかそうとした。

その時、「お客さぁーん」という声がして、外を見ると、コンビニの制服を着た店員が息せき切って走ってきていた。店員は、

「追いついて良かった。お買いになった商品を忘れてますよ」と言って、日本酒のワンカップ3個と煙草2箱をイカ夫に渡したが、その時、一郎が持っていたレシートが目に入ったので、「あ、これだこれだ。この商品です。ありがとうございました」と礼をして出ていった。

イカ夫は、「世の中にはいろいろと間違いがあるな。俺のせいじゃないぞ。ところで、兄貴の預金はどのくらいあったのかな」と横柄に尋ねたが、一郎が桃太郎のほとんど残高のない預金通帳を見せると、「バカな。コピー代が無駄になるじゃないか」と一言言って、そのままワンカップと煙草を持って出ていった。

「お酒代と煙草代までごまかそうとしたみたいね」と花子があきれて言った。

「まあ、コピー代だと判断できなければ、いずれにしても払えないな。多古川の叔父さんはいろいろ面白いことをしてくれるが、実害はないんじゃないか」と一郎は、花子をなだめたが、後になって、実害がないというのはとんでもない間違いだということに気づかされることになる。

コラム

1 「相続させる」遺言の効力

桃太郎の遺言書の遺言①から⑥のうち、③から⑥では、「相続させる」という言葉が使われています。このうち、④は、本文に記載したように、イカ夫に遺贈する趣旨の遺言であると考えられます。

では、相続人に対して「相続させる」とする③、⑤、⑥の遺言は、本文であげた民法上の遺言事項のどれに該当するのでしょうか。この点について、裁判例では、特段の事情がない限り、「遺産分割方法」の指定に該当し、遺産は、遺産分割の協議、審判を経ることなく、被相続人が死亡した時に相続人に承継されるとされています。なお、「特段の事情」がある場合には、「相続させる」遺言が遺贈に該当する場合もあることが留保されていますので、注意が必要です。

本件では、桃太郎が死亡した時に、遺言③によって桃太郎の不動産はすべてふじ子に、遺言⑤によって株など銀行預金以外の金融資産および動産はふじ子と桃太郎との子である一郎に、承継されることとなります。

なお、「相続させる」遺言は、「遺贈」の遺言よりも、不動産相続の際の所有権移転登記手続きの登録免許税が低額になること、相続登記について相続人が単独で手続きを行うことができること等、有利な点があります。

２　「相続させる」遺言による相続人が既に死亡していた場合

仮に、桃太郎の遺言書が、次のようなものであった場合、遺言⑤の遺産は、誰に承継されることになるのでしょうか。

> （①～④省略）
> ⑤　遺産のうち、株など銀行預金以外の金融資産および動産を**浦島小太郎に相続させる。**

※遺言⑥はありません。

既に小太郎は死亡していますから、2日目でお話した遺言書がない場合の代襲相続の規定が、遺言書がある場合にも適用することができれば、小太郎の子であるさくらとあざみに遺産が承継されることになります。遺贈については、遺言者の死亡以前に受遺者（ここでは小太郎）が死亡したときは、その遺言部分は効力を生じない（無効）と民法で規定されていますので、代襲相続は生じません。では、「相続させる」遺言については、代襲相続の規定が適用されるのでしょうか。

この点については、遺言者が、「相続させる」とした者が自分（遺言者）より先に死亡した場合は、その相続人に相続させる意思だったという「特段の事情」がない限り、「相続させる」遺言には代襲相続の規定は適用されず、遺産は代襲相続人に承継されないとされています。「特段の事情」について、裁判例には、被相続人Aがある遺産を子Bに「相続させる」遺言を作成した後にBが死亡したという事案について、Bの死亡後にAがBの子であるCにほかの子と同様に遺産を相続させる旨の遺言書を作成しようとした（結局完成しなかった）という事情の下で、Cの代襲相続を認めたものがあります。

したがって、本件では、前記のような遺言書であったとしても、「特段の事情」がない限り、遺言⑤の遺産が、さくらとあざみに承継されることはないと考えられますが、何らかの事情によって、代襲相続が認められる可能性もあるといえます。

もっとも、遺言者が、相続人が自分より先に死亡した場合には、孫（代襲相続人）が遺産を承継することを望むときは、その旨を遺言書で明示するか、相続人が先に死亡した後に遺言書を作り直すなどの措置を講じておくのがいいでしょう。

本文で説明したように、解釈がわかれるような遺言書の記載は、事情次第で後日どのように判断されるかわかりません。遺言書の文言は、極力明快かつ法的に解釈が分かれないものにしておくよう心がけることが肝要です。

3　「銀行預金」の範囲

銀行では、現在、通常の預金のほかに、投資信託や生命保険などの商品も扱っています。特に、投資信託は、契約も解約も銀行を通して行うことができ、銀行預金とセットして販売されたりしているので、「銀行の商品」のように思われるかもしれませんが、銀行は販売を行っているだけで、発行者ではありませんし、「銀行預金」にも含まれません。

また、信託銀行が取り扱っている「貸付信託」、「金銭信託」などの商品（「ビッグ」、「ヒット」などの名称で販売されていたものも含まれます）は信託受益権であって預金ではありません
し、長期信用銀行などが発行していた「金融債」（「ワイド」などの名称が使用されていました）も債券であって預金ではありません。

遺言書で、「銀行預金」と記載した場合は、このような預金以外の金融商品は含まれないと解釈される可能性があります。

預金以外の金融商品が財産に含まれる場合は、「その他金融商品」を誰に相続させるかを意識して、必要な場合には個別に相続させる者を指定する必要があります。

第6日

借金取りが押しかけてきたら？

●シーン1　ヴェニスの商人の遠～い親せき（前編）

「しかし、親父が銀行預金を投資信託に換えておいて助かったな」

山田一郎は、思わず、そう呟いた。

「預金通帳の残高を見た時は、多古川の叔父さんは随分落ち込んでたわね」と花子が嬉しそうに言った。多古川イカ夫は、父桃太郎の実弟で多古川家に養子にいっていたが、がめつい性格のうえ、態度が横柄で行儀も極めて悪いので、花子は大いに嫌っている。

イカ夫が持ってきた2番目の『桃太郎の遺言書』には銀行預金をイカ夫に相続させると書いてあったが、現実には銀行預金はほとんどないので、花子は満足そうだった。

「まあ、預金はないが、不動産と投資信託を、多古川の叔父さんに渡らないように、うまく残してくれたもんだな。借金もないようだし、親父なりに頑張ったといっていいんじゃないか」

その時、玄関で呼び鈴が鳴った。

一郎と花子が玄関に出てみると、見たことのない目付きの悪い中年の男が1人立っていた。

「また、お義父さんの子どもじゃないかしら」と花子は警戒したが、その男は、『小栗商事株式会社営業課長代理心得　桂大五郎』と記載された名刺を渡し、「山田桃太郎さんが亡くなったと聞きましたが、山田桃太郎さんには当社に支払っていただくべき借金があるので、そのことについて相続人の方とお話したい」と切り出した。

※　※　※

「当社は、平成10年ころ、『有限会社大日本国際重工業』という会社に金２００万円を貸し付け、その際に、取締役だった山田桃太郎さんに個人保証してもらいました。貸付金の期限は１年後でしたが、期限の都度利息を含めて書き替えに応じていますので、今では元金が１０００万円くらいになっています。

まあ、この家を売れば、１０００万円程度の返済は簡単でしょう」

一郎は納得できなかった。

「借用証はあるのですか？」

「もちろん、ここにあります」と言って、桂と名乗る男は持参した鞄の横をたたいた。

「見せていただけませんか」

「疑っているのですか」と桂は気色ばんだが、一郎は、

「これまで、父が誰かから借金をしているという話も有限会社大日本国際重工業という社名も聞いたことがない。あなたも、これまで取立てにきたことなんてないじゃないですか。それで、いきなり貸金があると言われても、そうですかというわけにはいきません」と珍しく強く出た。

「借主ではなく保証人ですからね。これまで、毎年、借り換えてきたので、催促する必要がなかっただけですよ。だから、私もほかの社員もここに来たことはなく、訪問するのは今日がはじめてです。しかし、桃太郎氏が亡くなったので、当社としては、これ以上、貸すことはできません。直ちに払っていただきましょう」

「個人保証は随分問題になっていて銀行も無理な保証は求めないのではないですか」

「それは大銀行の話で、私どものような零細業者は別です。それに、桃太郎氏に保証してもらったのは随分前で、まだ個人保証が一般的に求められていた時代です」

「債務の期限はいつなのですか」

「今年の1月末に借り換えましたので、来年の1月末のはずでしたが、保証人が死亡した場合、契約上、直ちに期限が到来することになっています。したがって、すぐに耳を揃えて1000万円支払ってください」

一郎は、ここで奇妙なことに気づいた。

「父は、平成17年ころから呆けてきて、最近は何もわからない状況だったので、借換えなどできなかったはずです。それに、ずっと家にいたから、借金を借り換えるのなら、誰か会社の人がうちにきたはずですよ」

「何を言ってるんですか。桃太郎氏は、今年の1月にはぴんぴんしていましたよ。相変わらず横柄な態度で、『借金なんかいつでも払ってやるぞ』と豪語していましたが、そのくせ、『煙草代を忘れたから貸してくれ』などとさらに借金をせがまれる有様でした。明らかに金に困っている様子でした」

「父は煙草を吸いませんでしたが」

「とんでもない、あちこちに吸い殻は捨ててるわ、唾は吐くわ、まったく迷惑な男でした。物知り顔で、ろう紙を使って印影を偽造する方法だって知っていると言って威張っていましたよ。私どもだって金に余裕があるわけではないんです。早く払ってもらえませんか。私も、何回も自己破産して、ようやく貸すほうの側になったんです」

桂は、自分も借金で苦労したことを思い出したのか、急に泣き声になって、最後は訳のわからないことをわめいていた。

一郎と花子が顔を見合わせた時、また玄関の呼び鈴が鳴った。

一郎が玄関に出てみると、予想通り多古川イカ夫がいて、「新しいレシートを持ってきたぞ」と怒鳴っていた。

「今、取り込んでいるので」と一郎は追い返そうとしたが、押し問答をしているうちに、桂が玄関に出てきて大声をあげた。

「何だ、死んだとかいうのでびっくりしたが、まだ生きているじゃないか。金を返せ」

多古川イカ夫は、桂の姿を見ると、大慌てで逃げ出した。そういえば、イカ夫は、普段はいかにも疲れたというようにゆっくり歩くのが癖だったが、鬼瓦三太郎からといい、桂大五郎からといい、誰かから逃げるときはトップスピードで走れるようだ。

桂も、「待て」と言いながら追いかけようとしたが、「待て」と言われて「待つ」者はそれほど多くはない。

イカ夫は、全速力で逃げようとしたが、またもや玄関先に置かれていた碁盤に蹴つまづき、尾てい骨のあたりをしたたかに打って、そのまま走り去った。桂もイカ夫の後を追って見えなくなった。

⇩弁護士から山田一郎さんへのアドバイス

(1)債務の相続

第1日でお話した通り、相続人は、被相続人の一身に専属する権利義務を除き、被相続人の資産（プラスの財産）はもちろん、債務（マイナスの財産）も相続します。

相続人が債務を承継したくない場合は、相続放棄や限定承認などの手続きが認められています。詳しくは、第1日の本文とコラムをご覧ください。

(2)保証債務の特質

被相続人が特定の債務を保証していた場合〈例えば、主たる債務者〈借主〉が1000万円を借り入れる際に、被相続人がその借入金債務を保証していた場合〉、相続人は、その保証人たる地位を相続します。

すなわち、相続人は、相続開始後も主たる債務を保証し続け、主たる債務者が債務の弁済を怠れば、主たる債務者に代わり、その債務を履行しなければなりません（相続人が複数いる場合については、本日のコラムもご覧ください）。

(3)根保証

通常の保証とは別に、保証人が、債務者と債権者の間の一定の範囲に属する債務について、包括的に保証する場合があります（これを「根保証」といいます）。

以前は、この根保証に関しては民法上の規定がなく、要件や範囲が明確でなかったため、保証した後、知らない間に債務の金額が増加して、気がついた時にはとても支払いきれないような負担が生じるような事例が多発していました。そこで、平成17年からは、個人が保証人となる貸金等に関する根保証契約には、極度額（貸付けの限度額）の定めが必要とされたり期限が設けられるなどの改正がなされています（さらに平成27年に行われる予定の民法の改正では、対象の拡大などが提案されています）。

この貸金等に関する根保証契約では、債務者または保証人の死亡は元本確定事由とされているので、保証人の死亡までに発生した債務（借金）は根保証の対象となり相続人に相続されますが、保証人の死亡後に発生した債務は根保証の対象ではなくなり、相続人がその責任を負うことはありません。

一郎さん、わかりましたか？

●シーン2　ヴェニスの商人の遠～い親せき（後編）

「多古川の叔父さんは、あちこちで親父の名義を悪用していたようだな」

「ほかにも出てくるかもしれないわね。しかし、お金を貸したり保証させたりするときに、本人であることを確認しないのかしら」

「銀行では他人に貸したりすることはまずないだろうけど、小栗商事はかなりいかがわしい業者のようだから。ひょっとすると、保証人が本人ではないと気づいていても、平気で貸したのかもしれないな」

玄関には、多古川イカ夫が持参したレシートが残されていた。

やはり、品目のところは泥か何かで汚れていて読めなかったが、ドラッグストアのレシートで1503円という記載がある。

「何か変な物じゃないかしら」と花子は言ったが、一郎がレシートの汚れを落としてみると、「ウコンの力スーパー6本」と記載されていた。

「多古川の叔父さんは、相変わらず面白いことをしてくれるな。しかし、逆に多古川の叔父さんだけ気をつけていれば、ほかは何とかなりそうだ」と一郎はつぶやいたが、後になって、それがとんでもない間違いだということに気づくことになる。

コラム

1　共同相続人がいる場合の債務の承継

相続人が複数いる場合に、債務を各相続人がどのように負担するかについては、債務の性質によって異なります。

可分債務（単純に分割することができる債務）の場合、可分債権と同様に、債務は、法定相続分に従って当然に分割され、各相続人が負担することになります。可分債務には、借入金債務など、多くの金銭債務が該当します。

相続人全員の合意により、法定相続分と異なる割合を定めることも可能です。しかし、その定めは、あくまで相続人間で効力を有するに過ぎず、債権者との関係では、債権者の承諾がなければ、効力が生じません。

例えば、相続人が2人いて、相続人の間で、相続人Aが借入金債務をすべて相続し、相続人Bがまったく相続しないことについて合意したとしても、債権者から相続人Bにも請求があれば、相続人Bは、法定相続分に応じた債務額を支払わざるを得ないことになります（なお、相続人Bは、債権者に支払った後、相続人間の合意に基づいて、相続人Aに対して、支払った金額と同額のお金の支払いを求めることができます）。

このことは、被相続人が、遺言により、債務について法定相続分と異なる割合による相続分を指定した場合も同じです。

他方、不可分債務（性質上または当事者間の合意により、単純に分割することができない債務）の場合、債務は、当然には分割されず、各相続人が連帯してその債務を負うことになります。不可分債務の例としては、不動産の引渡し債務、明渡し債務があげられますが、賃借人の地位を共同相続した場合の賃料債務も不可分債務とされています。

このため、賃借人の地位を共同相続した場合、賃貸人は、相続人の1人に対して賃料全額の支払いを求めることもでき、請求を受けた相続人は、その賃料全額を支払わなければならないことになります（支払った相続人は、後でほかの相続人に対して、その精算を求めることになります）。

2　住宅ローン保証保険

住宅ローンの返済中に住宅ローンの債務者が死亡した場合、相続人は住宅ローンを相続することになります。しかし、相続人が被相続人に扶養されていた場合など、相続人が被相続人に代わり住宅ローンを支払い続けることが難しいケースが少なくありません。この場合、相続人は、住宅を手放さざるを得なくなりますが、住宅の売却価格と住宅ローンの残債務額によっては、住宅を手放してもなお多額の債務が残ることがあります。

このようなリスクに備えて、住宅ローンを組む際には、住宅ローン保証保険（団体信用生命保険ともいわれています）に加入しているケースが多いと思われます。この保険は、住宅ローンの債務者が死亡した場合または一定の高度障害になった場合に、債務者に代わり生命保険会社が住宅ローンの残額を全額返済するという保険です。

被相続人が住宅ローンを負っている場合、相続人としては、まず、住宅ローン保証保険の加入、適用の有無について確認するといいでしょう。

3　特殊な保証債務

被相続人が、賃貸借契約に基づき賃借人が賃貸人に対して負う債務を保証していることがあります。この場合、相続人は、被相続人が亡くなった後の賃料についても、引き続き保証しなければならないでしょうか。大審院（現在の最高裁判所の前身に当たる裁判所）は、賃貸借契約における保証人の相続人は、相続開始後に発生した賃料債務についても保証債務を負担しなければならない、としています（昭和9年1月30日判決）。

一方、被相続人が被用者（雇用されている者）の身元保証人となっていた場合は、相続人は、被相続人の保証人たる地位を相続しないと考えられています。

生前に贈与していた財産はどうなるの？

●シーン1　とったタヌキの皮が伸びたら（前編）

「しかし、借金がないと相続は楽だな」

亡くなった山田桃太郎の一人息子山田一郎は、思わず、そう呟いた。

「昨日は、どうなることかと思ったわ。あなたの親戚はどうしようもないわね」

と、妻花子は手厳しい。桃太郎の実弟で多古川家へ養子にいった、がめつくて態度が横柄なうえ、行儀も極めて悪い多古川イカ夫のことを妻の花子は嫌っている。

「多古川の叔父さんだけだよ」

と一郎は言った。もっとも、桃太郎は離婚した前妻もも子との間に小太郎という息子がいて、小太郎は既に亡くなっているが、その子どもの「さくら」と「あざみ」が元気にしている。一郎は、2人のことをよく知らないので、心配がないとは言えない。ひょっとすると多古川イカ夫に似ているかもしれない。

「さくらさんやあざみさんはどんな人なの？」

「実は、僕も会ったことはないんだ。小太郎さんには何回か会ったけれど」

一郎は、小太郎と会った時のことを思い出した。大学を出て、一流の会社に勤務していて、人当たりも良かったように記憶している。

「ところで、ようやく親父の資産がわかってきたね」

銀行や証券会社からの通知書や預金通帳などを調べた結果、桃太郎の資産の状況が概ね判明してきた。

ごく単純にいえば、全体の金額が減少してきた中で、内訳が銀行預金から株や投資信託にシフトしてきたことがわかる。

多古川イカ夫が２番目に持ってきた遺言書の中で、イカ夫に相続させると記載されていた銀行預金は、ほとんどゼロに近かった。

「ほかに隠し資産はないのかしら。宝石とか、骨董とか」

と、花子が期待を込めて言った。

しかし、一郎は、

「魚拓と、玄関前でイカ夫叔父さんの碁盤と仲良く並んでいる将棋盤くらいしか趣味らしい物はないいな。そういえば、親父が元気なころ、銀行で投資信託を購入するときに、元本保証のある預金とのバランスを欠くような多額の購入はできないと言われて、ほかに預金などないのに多額の郵便貯金があると嘘を言って購入できたというような話を聞いたことがある。どうも、隠し資産の見込みはなさそうだ」

と、花子の希望の芽を摘んだ。

「預金通帳には、過去の出入りが載っているでしょ。何か高額の買物とかした形跡はないの？」

「10年ほど前に、５００万円出金しているけど、これはさくらさんとあざみさんが成人した時に送ったお祝いのはずだ。２人から丁寧なお礼状が来ている」

桃太郎は古い預金通帳などもすべて保管する性格だったらしく、ふじ子と結婚したころからの預金通帳が残っていた。

一郎は、花子に、平成16年ころの預金通帳と、桃太郎の机の引出しで見つけた、双子からの手紙を見せた。

「これで、さくらさんとあざみさんについての相続は終わりね。後は私たちで分けましょう」

「そういうわけにはいかないよ」

「でも、あなたは、そんなお金をもらってないじゃない。同じように相続財産を分けるのは不公平よ」

どうも、お金の話になると、花子の気勢は一段と上がるようだ。

「もう10年前だし、５００万円程度だと残っていないんじゃないか」

双子からの手紙には、成人式の衣装を着た2人の写真も同封されていた。購入したものかどうかはわからないが、着物の知識など皆目ない一郎にも、相当高価なものらしいことはわかる。

「10年分の利息も考慮する必要があるわ」

花子は、少しでも金額を増やしたいようだ。

一郎は、花子に通帳と手紙を見せたことを後悔していた。

もっとも、一郎にしても、会ったこともない双子の姪が父に親しそうな手紙を送っているのを見て、やや複雑な気持ちになった。

桃太郎が、前妻のもも子と離婚した時には、相当な金額をもも子に渡したと聞いており、養育費も支払っていたはずだから、それで小太郎も大学に進学できたのかもしれない。

それに加えて、桃太郎が、孫の双子に対して500万円も贈与していたのは何となく釈然としない。

少なくとも、相続割合の計算では、何らかの考慮が必要ではないだろうか。

⇩弁護士から山田一郎さんへのアドバイス

(1)生前贈与(特別受益)

一部の相続人が被相続人から特別に財産を受け取っていたにもかかわらず、そのほかの相続人は被相続人から特別な財産を受け取っていなかった場合に、被相続人が残した財産を法律で定められている割合で単純に分けると、生前に特別な財産を受け取っていなかった相続人には不公平な結論になってしまいます。そこで、特別な財産を受け取っている相続人と受け取っていない相続人が、できるだけ公平になるように、特別受益という制度が設けられています（なお、遺言で財産の贈与を受けた場合〈これを「遺贈」といいます〉も特別受益の制度が適用されます）。

この制度では、特別な財産を被相続人から受け取った相続人を特別受益者と呼んで、財産を分けるときに特別な計算をします。生前に被相続人から財産を受け取っていた場合、その財産は、被相続人が死亡して受け取るはずの財産の前渡しとして取り扱われます。被相続人の遺産から各相続人が受け取る財産を計算する際に、生前に受け取っていた財産を被相続人の遺産の一部として加算して、その加算した金額をもとに、各相続人の相続分の計算をします。これを特別受益の持戻しといいます。

次のような具体例で考えてみましょう。父Ａは２０００万円の財産を残して死亡しました。父Ａの相続人は長男Ｂと二男Ｃの２人だけです。長男Ｂは父Ａから生前に１０００万円をもらったことがありますが、二男Ｃは父Ａから特に何ももらっていません。

このような場合、特別受益の制度ではどのようになるかというと、長男Ｂが受け取っていた１０００万円は特別受益財産、長男Ｂは特別受益者となります。特別受益財産は、相続財産の一部として持ち戻されて相続財産に加算されますので、父Ａの財産は実際に

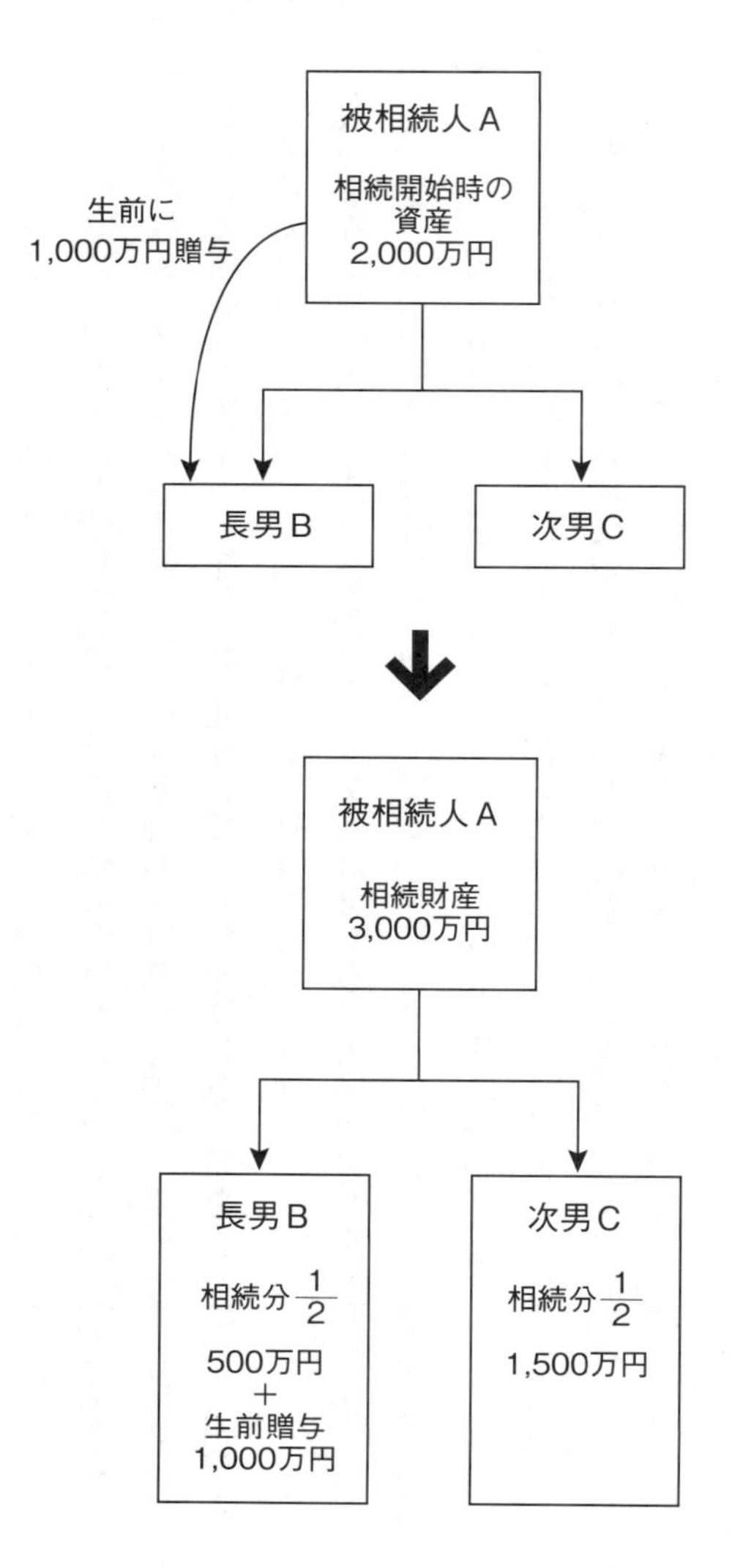

残された２０００万円に長男Bが生前受け取っていた１０００万円を加算し３０００万円として計算します（なお、実際の計算では、物価、貨幣価値の変動が考慮されます。

本日のコラム２をご覧ください）。

この３０００万円をもとに、長男Ｂと二男Ｃの相続分を考えます。長男Ｂと二男Ｃはそれぞれ相続財産の２分の１を受け取ることになりますので、２人が受け取る金額は、「(2,000万円＋1,000万円）×1/2=1,500万円」となります。

しかし、長男Ｂは既に１０００万円を受け取っていますので、１５００万円から１０００万円を引いた残りの５００万円を、この相続で受け取るということになります。

したがって、父Ａが残した２０００万円のうち、長男Ｂが５００万円、二男Ｃが１５００万円を受け取ることになります。こうすることで、長男Ｂと二男Ｃは、それぞれ父Ａから１５００万円ずつ受け取ったことになり、相続人間の公平が図られると考えるわけです。

ただし、気をつけないといけないのは、被相続人から財産を受け取った人がいれば、どんな場合でもその人が特別受益者となるわけではありませんし、受け取ったすべての財産が特別受益財産となるわけではありません。特別受益者となるのは、相続人が、①被相続人の遺言で財産の贈与を受けた場合（「遺贈」による場合）、②婚姻か養子縁組のために贈与を受けていた場合、③生計の資本として贈与を受けていた場合に限られます。「生計の資本としての贈与」というのは少し難しいですが、一般的には、親や子として扶養しなければならない範囲を超えて、広く生計に役立つような形で財産を贈与した場合が、これに当たると考えられています。実際には、被相続人の資産の状態や社会的な地位などに照らして、財産の贈与ごとに単に扶養の範囲にあるのか、それを超えた財産の贈与に当たるかが判断されます。

この相続で、桃太郎は生前、孫のさくらとあざみに、成人の祝いとして合計500万円を与えていますが、孫1人に250万円という金額は成人の祝いとして高額であることを考えますと、孫に対する扶養の範囲であるとはいえないでしょう。

したがって、この相続でさくらとあざみに対するお祝いの合計額である500万円は特別受益財産となり、さくらとあざみは特別受益者となると思われます。具体的に各相続人が受け取る財産を計算するときには、さくらとあざみが受け取った財産である500万円を、桃太郎の相続財産に加算して計算することになります。

(2)被相続人の意思（持戻し免除）

特別受益の制度が設けられているのは、法律で定められている割合で被相続人が残した財産を単純に分けると、客観的に見て、特別な財産を受け取っていた相続人と受け取っていなかった相続人の間で不公平な結果になるのを避けるという理由もありますが、被相続人も、各相続人が財産を公平に相続することを望んでいると一般的に考えられることも理由の1つとなっています。

それでは、もし被相続人が相続人間で不公平な結論となってしまうことをあらかじめ承認していた場合はどうなるでしょうか。例えば、相続人の1人に生前贈与した財産は、相続の時にいっさい考慮しないでほしいと遺言に書いてあった場合はどうでしょうか。この場合、被相続人の意思を優先し、生前贈与した財産を相続財産には加算しない（特別受益の持戻しは行わない）ことになります。これを「持戻し免除」といいます。

被相続人は、どんな方法でも特別受益の持戻しを行わないよう求めることができます。遺言に残しておくのが一番わかりやすい方法ですが、生前にその他の書面でその意思を明らかにしておくこともできますし、書面をまったく残していないような場合でも、特別受益の持戻しを行わないことを前提としていることが明らかであれば、特別受益の持戻し免除が認められることもあります。

具体的にどうなるかを先ほどの例で考えてみましょう。父Aが長男Bに与えた1000万円について、相続の時に考慮しないでほしいと遺言に書いている場合や、長男Bと二男Cに対して、生前そのように言っていたようなときなど、特別受益の持戻しを行わない意思を明らかにしていた場合は、長男Bが受け取っている1000万円は相続の時に考えないことになります。その結果、長男Bと二男Cは父Aが残した財産である2000万円を単純に2分の1ずつ相続することになり、それぞれ1000万円を受け取ることになります。長男Bは生前に受け取った1000万円と相続で受け取った1000万円の合計2000万円、二男Cは相続による1000万円だけを受け取ることになり、不公平にも思えますが、これは父Aが望んでいたことなので仕方がないと考えるわけです。

この相続で桃太郎は、さくらとあざみに対するお祝いについて遺言に何も書いていないようですし、相続の際に考慮しないことを前提としたようなその他の事情も特にないようです。したがって、さくらとあざみに対するお祝いの500万円は特別受益財産となり、さくらとあざみは特別受益者となるという結論は変わりません。

一郎さん、わかりましたか？

●シーン2　とったタヌキの皮が伸びたら（後編）

「500万円分は既に支払われたものとして扱うのなら、公平だな」と一郎は言った。口には出さなかったが、一郎の学費なども大学まですべて桃太郎が負担していた。桃太郎から見れば「扶養の範囲」であって「特別受益」には該当しないとしても、桃太郎が一郎のために、相当額の経済的な負担をしていたことは争えない。その費用を合計すると、同じくらいになったかもしれない。

「お義父さんの孫だけあって、もの凄い美人ではないけど、まあ普通のお嬢さんみたいね」

と花子もやや落ち着いた表情で言った。さくらとあざみが、「もの凄い美人」ではなかったことが効を奏したようだ。

「ところで、10年分の利息はどうなるのかしら?」

「まあ、細かいことは言わないで、大まかに考えようじゃないか」

一郎は、何とかごまかしたと思ったが、後になって、余計な努力をしていたことに気づくことになる。

コラム

1　特別受益者の範囲

浦島さくら、あざみが、もし父小太郎の生きている間に桃太郎からお祝いをもらっていたとしたら、どうなるでしょうか。父小太郎が生きている間は、小太郎が桃太郎の相続人となるはずで、さくら、あざみは相続人とはなりません。一般的には、代襲相続（第1日のコラムをご覧ください）の原因となる事実が起きる前に財産を受け取った場合には、相続人ではありませんので相続財産の前渡しとはいえず、特別受益財産とはならないと考えられていますし、裁判でもそのように判断された例が多数あります。しかしながら、相続人を公平に扱うのが特別受益の制度の目的ですから、財産を受け取った時期とは関係なく、持戻しの対象となるという考えもあって、実際にそのように裁判で判断された例もあるなど、事案によって異なる判断がされています。

もっとも、代襲相続の原因となる事実が起きた後に財産を受け取った場合には、その財産が特別受益財産として持戻しの対象となることには争いがありません。

したがって、この相続では、さくら、あざみは、父小太郎が死亡した後に、桃太郎から成人のお祝いをもらっていますので、２人は特別受益者に該当します。

そのほかにも、被代襲者（この相続では小太郎が該当します）が生前に被相続人から特別な財産を受け取っていた場合や、特別な財産を受け取った後に、被相続人の配偶者や養子になった場合などにも同じように、その人たちが特別受益者となるかが問題になりますが、この場合も事例によって結論が分かれています。

2　特別受益財産の価値

この相続では、浦島さくら、あざみは10年ほど前に５００万円をそれぞれ桃太郎から受け取っています。もし10年前と現在の貨幣の価値が大きく違っていた場合はどのように考えるのでしょうか。各相続人が公平に相続することが特別受益の制度の理由の1つとなっています。したがって、贈与を受けた時と相続の時で、貨幣の価値に変動があった場合には、その変動を考慮することとされています。具体的には、贈与を受けた時の貨幣の価値を現在の貨幣の価値に計算し直して、現在の貨幣の価値を特別受益財産の金額と考えることになります。例えば、10年前の５００万円の価値が、現在の１０００万円の価値と同等といえるのであれば、実際に贈与を受けたのは５００万円であったとしても、１０００万円を特別受益として相続財産に持ち戻すことになります。

不動産など市場価格が変動する財産についても、相続が開始した時点の財産の時価で特別受益財産の価格を計算します。例えば生前に不動産の贈与を受けていて、その不動産の価格が大きく変動した場合には、相続が開始した時点の不動産の価格で特別受益財産を計算することになります。

第8日

生前に尽くした人は報われるの？

●シーン1　骨折りは三文の得か（前編）

「しかし、死んでしまうと、みんないい人だったことになるな」

山田一郎が思わず、そう呟いたら、妻の花子が猛烈に反撥した。

「冗談じゃないわ。お義父さんは、終わりのころは完全に呆けていて、お義母さんも年が年だからそれほど動けないので、私がほとんどお義父さんの世話をしたのよ」

確かに、一郎の父桃太郎は、平成17年ころから認知症が進み、ここ3年くらいは日常生活もままならない状況だった。

日中は、施設のデイサービスに連れていっていたが、夜は自宅に戻るので、どうしても家族が面倒を見なければならない。

「お義父さんのお風呂やトイレの介助も、おむつの取り換えもすべて私がやっていたのだから。夜中に徘徊しているのを見つけて寝かしつけるのもいつも私がしていたのよ。あなたもお義母さんも何も気づかずいつもすやすやと寝ていたわ。そういえば、ここ数年、旅行なんて行けなかったわね」と花子がたたみかけて言った。

一郎は、何も反論できなくなった。

「お前がパートを辞めたのも、親父の世話が大変だったからかな」

花子は、近くのドラッグストアでパート勤務をしていたが、10年くらい前に辞めていた。

「あら嫌だ、多古川の叔父さんが『ウコンの力スーパー』を６本買ったのは同じ店だわ。辞めていて良かった」と、花子は桃太郎の実弟で多古川家に養子にいった厄介者のイカ夫叔父に皮肉を言った後、続けて、

「私がパートを辞めたのは、平成15年か16年ころで、あのころはお義父さんも、それほど呆けてはいなかったわね。もちろん、仕事はしていなかったので、庭の掃除とか、菜園とか手伝ってもらったことを覚えているわ。あのころは、まだ元気だったのね」と懐かしむように言った。

「確かに、お前には迷惑をかけたな」

一郎は、率直に謝った。

桃太郎は一郎の父親だから自分で介護しなければという気持ちはあったが、仕事に追

われている状況から、桃太郎の介護は完全に花子に依存していた。

「いや、本当に仕事のせいで介護ができなかったのだろうか？」と一郎は心の中で自問した。

仕事を口実にして、単に面倒なことを花子に押し付けていただけかもしれない。

最近は、退職して親の介護に専念したり、そうでなくても親元に近い会社や時間のつくりやすい仕事に転職する人も多いことが社会的に話題になっているし、介護休暇などの制度も設けられている。

桃太郎の生前に、もっと介護を分担して花子の負担を減らすことは可能だったかもしれない。

「そういえば、このところ、多古川の叔父さんが何回かうちに来たり、ほかに鬼瓦三太郎さんとか、桂大五郎などという知らない人も来たな」

「お義父さんは死んでまで迷惑な人ね」と、花子の口調がまた辛辣になった。きっと、ここ数日の多古川イカ夫のパフォーマンスや、鬼瓦三太郎、桂大五郎とのやり取りを思い出したのだろう。まあ、怒るのも無理はないといえるが、これは桃太郎のせいだろうか。

「親父ではなく、多古川の叔父さんのせいじゃないか」

「兄弟だし似たようなものよ。ところで、私から、お義父さんの介護費用を請求することはできないのかしら」

「誰に？」

「もちろん、相続人であるあなたに対してよ」

一郎としては、なかなか拒否できない状況である。

自分で支払うべきかもしれないが、相続財産の配分にあたって何か手段はないだろうか。花子は相続人ではないのだが。

⇩弁護士から山田一郎さんへのアドバイス

(1)介護の評価(寄与分)

花子が、義父にあたる夫一郎の父桃太郎の介護をほとんど1人で3年以上もしていたことは、かなりな苦労があったと思います。しかも、桃太郎は認知症が進んでいて、風呂やトイレの介助とおむつの交換、さらには、夜中の徘徊への対応など、1人では日常生活ができない桃太郎に対する長期間にわたる介護によって被った花子の心身の苦労は、実際に介護を経験した人でないとわからないものです。

花子が、一郎に対して、義父の介護費用を請求したいというのも、その気持ちは十分理解できます。数年間、花子が自分自身の生活を犠牲にして、義父の桃太郎のために介護をしてきた、この献身はまったく報われないのでしょうか。夫の一郎は桃太郎の相続人ですから、遺産をもらうことができますが、花子は相続人ではないので、桃太郎の遺産をもらうことはできません。人によっては、生前に遺言書を書いて、介護をしてくれた人に対して、お礼と感謝の趣旨で、遺贈として財産を残す場合もありますが、残念ながら、桃太郎は、少なくともそのような遺言書は書いていないようです。桃太郎は、晩年は認知症が進んでいましたので、そもそも介護を受けていた時には遺言書を書く能力もなかったと思われます。

夫の一郎が、花子に対して、桃太郎の介護をしてくれたことについて費用を払う気持ちになったのも、花子が桃太郎の介護を十分にしたからだと思います。しかし、この問題は、一郎と花子の間だけの話で済ませていいものでしょうか。

この点については、次の2つのことを考えてみてください。

第1は、家族・親族のうち一定の範囲内の者は、お互いに扶養する（面倒を見る）義務があります。したがって、花子だけが桃太郎の世話をする義務があったのではありません。花子は、桃太郎が、夫の一郎の父親なので、桃太郎の介護をしなければならないと考えたと思います。では、桃太郎の妻のふじ子の立場はどうでしょうか。ふじ子は、高齢のために体が不自由になっていたとしても、夫の介護をすべて嫁の花子に任せきりで、何もしていなかったようです。それにもかかわらず、ふじ子は、法律上は妻として、桃太郎の遺産の半分をもらうことができます。その他の相続人も同様です。

第2は、仮に、桃太郎夫婦が、息子一郎夫婦と同居しておらず、桃太郎が花子の介護を受けることができなかったとしたら、桃太郎は、自分のお金でヘルパーを雇って、介護をしてもらう必要がありました。しかし、花子が介護をしてくれたお蔭で、桃太郎はかなりな金額の介護費用の出費を免れることができました。

このような点から考えますと、桃太郎の遺産の配分にあたっては、花子の桃太郎に対する介護を何らかの形で考慮してもいいのではないかということになります。

(2) 家庭裁判所で認められる寄与としての介護（療養看護）について

そこで、このような場合、つまり被相続人に対して、相続人が、ある程度長期間にわたって介護をして、被相続人の財産を維持した（減少させなかった）場合には、特別の寄与をしたということで、遺産分割において、その相続人は自分の法定相続分に加えて、寄与分として一定の金額等をもらうことができるのです。これを、「療養看護型」の寄与といいます。そして、ほかの相続人は、特定の相続人が取得した寄与分の額だけ、受け取る遺産が少なくなります。

しかし、ここでの問題は、花子が相続人ではなく、相続人である長男一郎の妻であることです。遺産分割ができるのは相続人だけです。この場合には、妻の花子の桃太郎に対する介護（寄与）を、相続人である一郎の寄与とみなして、一郎がこの寄与分に相当する金額を取得するという方法で遺産分割が行われます。

(3) 寄与が認められる条件

家庭裁判所で、療養看護型の寄与が認められるには、いくつかの条件をすべて満たす必要があります。次に、その条件を示します。

① 被相続人が療養看護を必要とする病状であったこと（高齢というだけでは介護が必要な状態とはいえません。また、病院や施設に入院・入所中の期間は原則として寄与は認められません）
② 通常期待される程度を超える療養看護の実績があったこと
③ 無報酬またはこれに近い状態で療養看護したこと
④ 療養看護の期間が相当長期であること
⑤ 療養看護に専念していたこと（仕事の合間に通って介護した場合は、原則として、親族の協力の範囲内と考えられます）
⑥ 療養看護によって、ヘルパー等に支払う療養看護費用の支出を免れたこと（被相続人の財産を維持したこと）

一郎さん、以上で、相続における寄与（分）のことがわかりましたか？

●シーン2　骨折りは三文の得か（後編）

「相続の問題が片付いたら、久しぶりに温泉にでも行こうか」

一郎は、花子のご機嫌を取ることにした。

高級な旅館に泊まったとしても、温泉の宿泊費くらいで済むのであれば、安いものだ。

花子の貢献を考えると、そのくらいのことは当然すべきだろう。

そう考えると、一郎は、ご機嫌取りにとどまらず心から花子を慰労したいと思ったが、
一郎自身も、どこかでリフレッシュしたかった。

「いいわね。面倒な手続きはさっさと終わらせて、早く行きましょう」

花子は、明日にでも行くような気分になっているようだ。

一郎は、「仕事もあるし、すぐに行くわけにはいかない」と答えようとしたが、花子は浮かれていて、話を聞いてくれそうにない。

考えてみると相続に関しても具体的な手続きはまったく進んでいないと言っていい。まあ、スケジュールは後でじっくり考えようと一郎は考えた。

一郎は、何とか危うい事態を乗り切ったと思いほっとしたが、後になって、それがとんでもない間違いだということに気づくことになる。

コラム

1　寄与分

(1)　寄与分と遺産分割

寄与分とは、共同相続人の中で、被相続人の事業に従事した場合や、被相続人にお金を援助した場合、被相続人の療養看護に尽くした場合等において、被相続人の財産の維持または増加に特別の寄与をしたと認められる者があるときに、その者について、相続分に寄与分額を加算するというものです。

例えば、長男が、長い間、被相続人の療養看護を行い、そのことをほかの相続人も認めている場合には、共同相続人全員の協議で長男の寄与分（額）を決めて、相続財産からこの寄与分（額）を長男の取得とし、それを控除した残りの財産を共同相続人間で分割することになります。

相続人間の協議で寄与分の合意ができる場合は問題ありませんが、合意ができない場合は、寄与分を主張する相続人は、家庭裁判所に対して、遺産分割の調停を申し立てたうえで、寄与分を定める処分の調停を申し立てる必要があります。

(2) 寄与分が認められるためには

家庭裁判所の調停や審判で、寄与分が認められるためには、以下のことが必要です（なお、調停で合意できない場合には、裁判官が担当する審判手続きに移行します）。

① 寄与は、被相続人が死亡する前までの行為であること（死後の被相続人の遺産の管理や法要等は対象になりません）

② 寄与分が認められるだけの要件を満たしていること（寄与行為が被相続人に必要不可欠であったこと、特別な貢献であること、無報酬かほとんど対価を得ていないこと、寄与が一定の期間続き、かなりな負担を伴うものであること、寄与行為によって被相続人の財産が維持または増加したこと）

③　寄与を裏付ける客観的な証拠があること（誰が見ても、寄与を認めるのがもっともだと思う資料の提出が求められます）

(3) 寄与の種類

寄与には、以下の類型があります。

①　家事従事型…家業である農業や商工業等の被相続人の事業に従事した場合
②　金銭等出資型…被相続人に対して、金銭等の財産上の援助をした場合
③　療養看護型…病気療養中の被相続人の療養看護をした場合
④　扶養型…被相続人を扶養し、そのため被相続人が出費を免れて財産が維持された場合
⑤　財産管理型…被相続人の財産を管理することによって、被相続人の財産の維持形成に寄与した場合

(4) 要点

いくら頑張って寄与行為をしても、結局、被相続人の財産の維持・増加という結果に結びつかないと、寄与分は認められません。つまり、寄与分が認められるためには、最終的に、

寄与行為と被相続人の財産の維持・増加という結果との間に関連性が認められることが重要な点です。

2 相続人の不存在と特別縁故者

(1) 相続人が不存在の場合

こういう事例があります。あなたのいとこのA子さんが病気で死亡しました。A子さんは、あなたの伯父夫婦の唯一の子で、病弱で生涯独身、子もいませんでした。A子さんは、10年くらい前に死亡した伯父夫婦の土地建物と若干の預貯金を相続しました。8年くらい前に、あなたはA子さんから頼まれて300万円を貸しましたが、まだ返してもらっていません。また、あなたは、ここ数年、入退院を繰り返し、経済的に困っているA子さんの面倒を見てきました。さらに、喪主として、A子さんの葬儀やその後の法要を執り行い、不足した費用はあなたが負担しました。

さて、あなたはA子さんのいとこですが、法定相続人ではありません。A子さんには相続人がいませんから、彼女の遺産である土地建物等を管理する人がいなくなりました。また、あなたが貸し付けた300万円の返済もどのようにしたら回収できるでしょうか。

(2)　残された財産を誰が管理するのか

　このような相続人が不存在の場合は、家庭裁判所に対して、相続財産管理人選任の申立てをします。そうすると、家庭裁判所が、Ａ子さんの遺産を管理する相続財産管理人を選任します。通常、選任されるのは弁護士が多いです。選任された相続財産管理人は、Ａ子さんの生前の債権や債務の調査をします。そして、Ａ子さんの遺産である土地建物を裁判所の許可を得て売り、その売却代金からＡ子さんの債務を返します。あなたは、ここから、Ａ子さんに貸した３００万円の貸金の返還を受けることができます。

(3)　特別縁故者とは

　相続財産から債務を弁済して残金がある場合に、裁判所は、相続人となる者がいない場合、被相続人と生計を同じくしていた者、被相続人の療養看護に努めた者、その他被相続人と特別の縁故があった者から請求があったときは、残った相続財産の全部または一部を与えることができます（民法958条の3第1項。この相続財産を与えられる者を「特別縁故者」といいます）。ただし、あくまで、裁判所が特別縁故者と認めた場合に限られます。

　この例で、相続財産管理人は、土地建物を売った代金から、あなたへ３００万円を返済して、ほかの借金を支払っても、まだお金が残っている場合には、相続財産管理人の報酬や経費を引いた残りのお金を、国庫に納めることとなります。しかし、その前に、生前のA子さんの療養看護に努めたあなたが、家庭裁判所に対して、A子さんの特別縁故者であったことを申し立て、裁判所がこれを認めた場合には、A子さんの遺産の全部または一部をもらうことができます。

現実の例としては、例えば内縁の妻は相続人にはなりませんが(プロローグをご覧ください)、相続人がいない場合には、特別縁故者の申立てをして相続財産を受け取ることができる場合があります。

第9日

財産を分割できないときは？

●シーン1　一粒の米を4人で分ける（前編）

「あの古い遺言書は親父の字に似ていたが、イカ夫叔父さんが親父の遺言書の原本を持っていること自体、やっぱり疑わしいな。小栗商事の桂の話ではイカ夫叔父さんは『ろう紙』で印影を偽造する方法を知っていたらしいし、そういえば遺言書の印影も薄くてかすれていた。どうもあの遺言書もにせ物の可能性が高いようだ。そうすると、親父の遺産は、法定相続分で分けるしかないことになる。あの姪の双子に現金を渡す必要があるが、しかし、どの商品も随分値下がりしているし、困ったもんだ。いずれにしても、双子と話をしないと相続が進まないな。温泉は、その後だね」

山田一郎は、思わず、そう呟いた。イカ夫は父桃太郎の実弟で多古川家へ養子にいっていたが、がめつくて行儀が極めて悪いため評判がよろしくない厄介者である。この相続の件でも、何やら怪しい遺言書を2通も持ってきて一郎をびっくりさせた。ほかにも、桃太郎と前妻との間には一郎が会ったことのない双子の孫がいることもあって、一郎は頭が痛い。

銀行や証券会社から残高証明書が届き、最近の株価等と改めて付き合わせたところ、桃太郎の投資していた商品は、ほとんど大幅に値下がりしているものばかりだった。もっとも、桃太郎は認知症が進んでからは、自分で投資したり解約することはできなかったから、最近の値動きは桃太郎の責任とはいえないだろうが、どうも、それ以前から、軒並み値下がりしていたようである。

「買ったものが全部値下がりするなんて凄いわね。やろうと思っても、なかなかできないわよ」と妻花子が辛辣に言った。前日は、温泉に連れて行くと言われて機嫌を直していたが、すぐに温泉に行けるわけではないとわかって、元の状況に戻ったようだ。

もっとも、桃太郎が投資していたころも株価は総じて上昇傾向だったから、桃太郎は、それでも値上がりしない株や投資信託を選んで買っていたことになる。

「まあ、株の相場を予測するのは玄人でも難しいからな」

「多古川の叔父さんほどではないにしても、お義父さんは事業や投資に失敗して、結構財産を減らしてたんじゃないの」

「若い時はそこそこ儲けたらしいけれど、その後は何をやってもうまくいかなかったようなことを、親父は元気なころ言っていたね。

昭和30年代の高度成長期にうまく行ったビジネスモデルが、その後は成り立たなくなったんじゃないかな。下手に成功体験があるから、モデルの変更が必要になっても考え方がついていけなかったのだろう」

「そうかしら。若いころだって、偶然、何かの事情であたったことがあるだけじゃないの」と花子は、やはり辛辣な口調が収まらない。

「まあ、借金もないようだし、多少の金融資産もあって、自宅の土地建物が残っているのだから、頑張ったほうじゃないか。多古川の叔父さんと比べると、ほめてもいいくらいだ」

「比較の対象にならないわよ。ところで、この家は、どのくらいの価値があるのかしら」

「知り合いの税理士に個人的に聞いてみたんだが、土地建物を合計して約1億円程度だと言っていた。株などの金融資産が全部で1500万円くらいあるし、借金もないのだから、まあ、いいほうじゃないか」

一郎は、若干ドヤ顔になって言った。確かに、大金持ちとはいえないとしても、遺産として決して少ない金額ではないだろう。

「相続財産には双子に生前贈与した５００万円を含めるということなので、合計で１億２０００万円ね。割り切りやすい数字で良かったわ」

花子は、少し機嫌を直して言ったが、一郎は別の心配をはじめた。

「なるほど、金額としてはわかりやすいけど。相続割合からすると、母が２分の１で６０００万円、僕が４分の１で３０００万円、姪の双子は小太郎さんの分を相続するから２人で３０００万円だけど、生前贈与が５００万円あるので、２５００万円になる」

「合計すると、ちょうど１億１５００万円になるわ」

当然だと一郎は思ったが、そのまま続けた。

「そうすると、双子に２５００万円支払うことになるけど、相続財産には金融資産は１５００万円しかないよ」

「うちの預金も、葬儀費用だとか何だとか支払って、とてもまとまったお金はないわ」

「困ったな、家を売らなきゃならないかもしれないな。銀行が融資してくれればいいけど。少なくとも小栗商事からは借りたくないな」

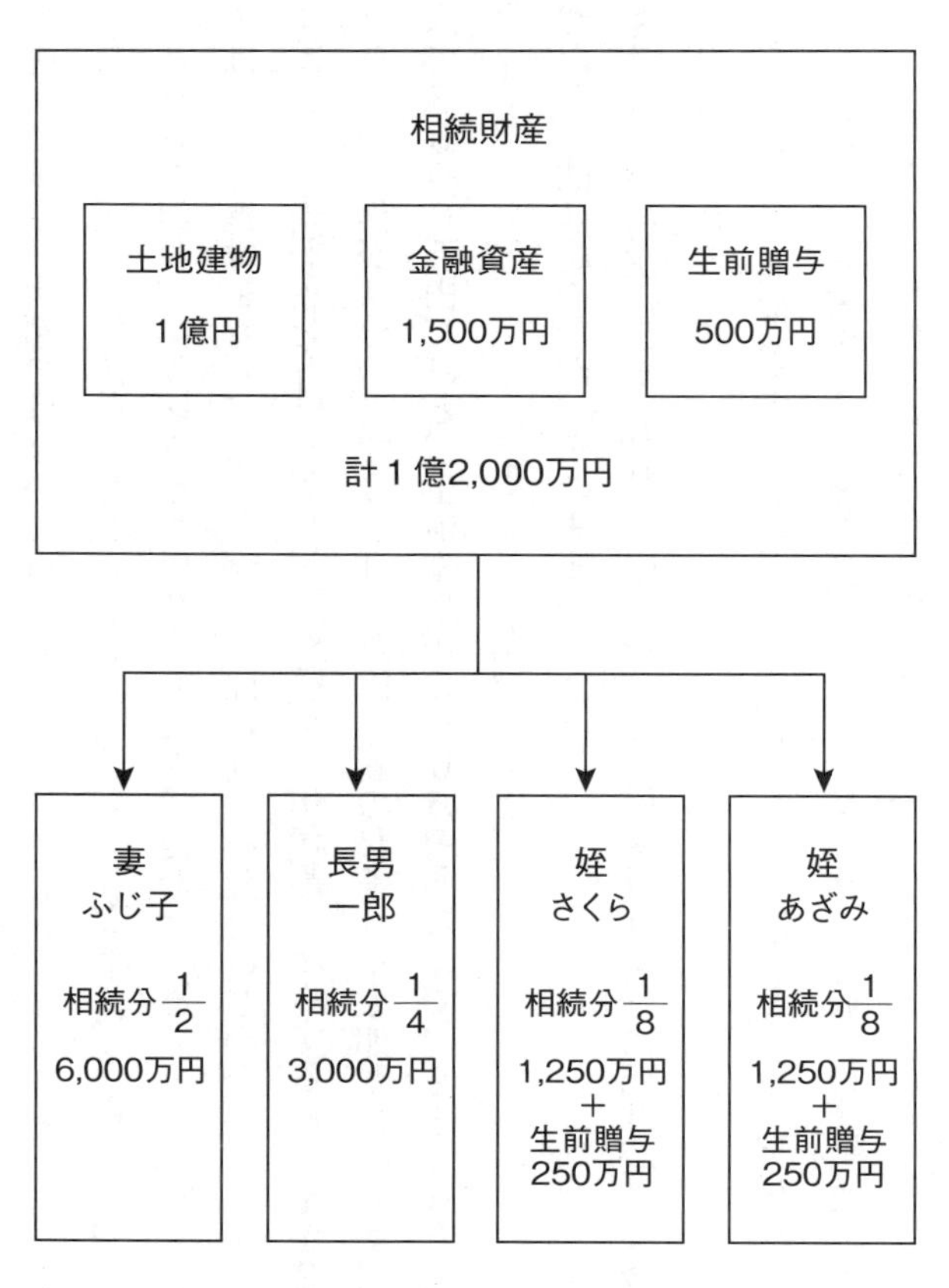

（注）浦島さくらと浦島あざみが受けた生前贈与額は同額とする。

一郎は頭を抱えた。

⇩弁護士から山田一郎さんへのアドバイス

(1)相続財産の帰属

もし、本物の遺言書がないとすると、桃太郎さんの遺産は誰のものになるでしょうか。例えば、銀行の預金のようにその性質から単純に分けてしまえる財産については、民法によって決められた相続分の割合にしたがって、それぞれの相続人が分割して取得するものと考えられています。このような分割できる債権を「可分債権」といいます。

ところが、不動産などのように、誰がどの部分を取得したらいいか単純に決められない財産もあります。このような財産は、相続人が法定の相続分により共有することになると考えられています。

では、株式はどうでしょうか。株式は、これを発行する会社から配当を受け取ったり、株主総会に出席して議決権を行使したりするなど、さまざまな権利が集まってできています。このような権利も、不動産と同様、単純に分割することはできないため、相続人が共有することになると考えられます。近時、最高裁判所は、投資信託の受益権についても、同様に共有となるという考え方を示しています（平成26年2月25日判決）。

このほかにも、現金、借地権、国債、定額郵便貯金も同様に相続人の共有になると考えられています。

（2）遺産分割協議

それでは、遺言書がない場合は、必ず法定の相続分に従って遺産を受け継いだり、共有したりしなければならないのでしょうか。

答えはノーです。

相続人が話し合いをして、誰がどのように遺産を取得するか合意できれば、その分け方はそれで有効とされています。このような法定相続人同士でなされる話し合いを「遺産分割協議」と呼んでいます。

なお、遺言書があっても、相続人全員が協議のうえ、遺言書とは異なる割合や内容で相続することを合意すれば、それは有効だと解されています。

（3）具体的な配分方法

遺産分割協議による分割方法には、次のようなものがあります。

まず、一番単純なのは、対象の遺産そのものを文字通り分割して配分してしまう方法です。これを「現物分割」といいます。

また、対象の遺産を特定の相続人が取得して、その人がほかの相続人に対し、その人が受け取るべき財産に見合うお金を支払う方法もあります。このような方法は「代償分割」と呼ばれます。

さらに、対象の遺産を相続人全員で他人に売ってしまい、得た代金を相続人で分ける方法も取られることがあります。これは「換価分割」といわれる方法です。

いずれの方法も、相続人の間で合意ができればよく、法定相続分の通りに分配をする必要はありません。

一郎さん、わかりましたか？

●シーン2　一粒の米を4人で分ける（後編）

「うーん。まあ、考えても仕方がない。さくらさんたち双子やお母さんと相談して、方法を考えるしかないな」

「双子に連絡は取れたの？」

「来週、うちに来ることになっている。長年会ってもいないのだし、双子のほうで相続を辞退してくれるかもしれない」

「どうかしら。みんなで温泉にでも行って、なごやかに話したら、うまくいくかもしれないわね」

花子は温泉が頭から離れないようだ。

「まあ、それも1つの方法だが、今からじゃ間に合わないな。双子が来た時に、その話もしてみよう」

一郎は、何とか花子をなだめたが、後になって、余計な心配をしていたことに気づくことになる。

コラム

1　相続財産と遺産分割

相続人が複数いる場合（これを「共同相続」といいます）、通常、誰が何を相続するかについて、相続人間の協議で遺産分割が行われます。

ところで、厳密には、相続財産のすべてが遺産分割手続きの対象となる財産となるわけではありません。

例えば、後述するように金銭債権等の分割可能な債権は、判例上、遺産分割協議を待つまでもなく、相続開始とともに当然に分割され、各相続人が法定相続分に応じて取得するとされています。

しかし、現実に遺産分割協議が行われる場合は、預金などの可分債権も遺産分割の対象に含めて相続分などを合意するのが一般的であり、そのような合意も有効と解されています。

2 遺産分割の調停と審判

法定相続人間で遺産分割について話し合いがまとまらないときは、家庭裁判所に調停を申し立てて、調停手続きの中で話し合いをするか、審判の申立てをして、裁判所に分割内容を決めてもらうことができます。調停での話し合いがつかずに調停が不成立になった場合には、審判手続きに移ります。そして、裁判所は、遺産の内容と相続人の事情等を総合して、遺産の分割内容を決めます。裁判所によるこの判断を「遺産分割の審判」といいます。裁判所は、本文に登場した「現物分割」「代償分割」「換価分割」といった分割方法を決定し、この決定の効力が確定すると、相続人はこれに従わなければならないことになります。

なお、預金などの可分債権については、遺産分割調停においては、通常は、相続人から預金債権を分割の対象としないという積極的な申出などがない限り、そのまま分割対象に含めて手続きが進められています。これに対して、同じ裁判所の手続きでも遺産分割審判においては、共同相続人全員が預金債権を遺産分割の対象とする旨の同意をしなければ、分割対象とはなりません。

3　法定相続分（可分債権）の払戻し

銀行預金などの金銭債権は、金額が明確であり、金額に応じて単純に分けることができます（前述したように、これを「可分債権」といいます）。最高裁判所は、相続財産のうち可分債権については、遺産分割を経なくとも、相続開始時（被相続人が死亡した時）に相続分に応じて当然に分割されて各相続人に帰属するとしています（ただし、民営化される前の郵便局の定額郵便貯金については、この例外とされています）。

例えば、この事案で、仮に桃太郎がA銀行の預金口座に1200万円を残して死亡した場合、A銀行に対する預金債権については、桃太郎の死亡と同時に、法定相続分に応じて、ふじ子が600万円分を、一郎が300万円分を、さくらとあざみが各150万円分を、それぞれ当然に取得することになります。

したがって、判例の考え方によれば相続人は自分の取得分の支払いを、自分1人だけで権利の相手方に求めることができます。例えば、一郎が300万円の預金を相続したとすると、単独で、銀行に対して300万円の払戻しを請求できるわけです。

なお、銀行は、誤って支払いをしてしまったり、相続人間のトラブルに巻き込まれるおそれがあることなどから、払戻しに際して相続人全員の署名捺印した書面や遺産分割協議書の提出を求めるのが通常です。

しかし、近年では、相続人間で紛争が生じるおそれがあるような特段の事情がなければ、「法定相続分に相当する預金を相続しており、これと異なる遺言書や遺産分割協議は存在しないこと。後日紛議が生じてもすべて相続人自身が対処し金融機関に迷惑をかけないこと」などを記載した念書を申し受けるなどして法定相続分についての払戻しに応じる例もあります。

第10日

公正証書による遺言はどこが違うの？

●シーン1　老人とうまい話（前編）

「しかし、どういうふうにさくらさんたち双子に話したらいいかな」

山田一郎は、まだ悩んでいた。被相続人である父桃太郎は、現在の妻ふじ子と結婚する前に浦島もも子と結婚していたことがあり、その間の子である浦島小太郎は既に死亡していたが、その子（桃太郎から見れば孫、一郎から見れば姪）のさくらとあざみという双子の姉妹がいる。双子は30歳くらいのはずなので、もう結婚しているかもしれないが、一郎は会ったことがなく、性格もわからない。がめつくて行儀が悪く、今回の相続にあたってもいかがわしい行為を連発している叔父の多古川イカ夫に似ているのかもしれない。

「どんな人かわからないけど、正直に話すのがいいと思うわ。２人とも、もうお義父さんとは何年も会ってないんだし、普通なら、私たちに対してこの家から出て行けとは言わないでしょう」と妻の花子が答えた。

一郎も、そのように感じていた。

その時、玄関の呼び鈴が鳴った。

「また、妙な人が来ているんじゃないかしら」

花子が不安そうなので、一郎も一緒に玄関に出てみると、多古川イカ夫とは違って品の良さそうな老人が2人、並んで立っていた。

※　※　※

「お取り込み中、お邪魔して申し訳ありません。私は坂本一馬、こちらは高杉吾作といいます。私どもは、以前に地元の商工会議所で、山田桃太郎氏に大変お世話になった者です。葬儀にも参列いたしましたが、ご遺族の方は何かとお忙しいだろうと思い、日を改めてお伺いした次第です」と坂本と名乗る老人が述べた。そういえば、桃太郎の葬儀には、面識のない老人が何人か参列していたことを一郎は思い出した。

「坂本さんと高杉さんですか。そういえば、葬儀の席でお見かけしたようにも思いますが、その時はご挨拶もせず大変失礼いたしました」

「いえいえ、私どもが声をおかけしなかったのですから、当然ですよ。ところで、本日お伺いしたのは、山田桃太郎氏が公正証書遺言を残していることをお伝えしたほうがいいと思ったからです。桃太郎氏は、ご家族には話していないようなことをおっしゃっておられたので、ひょっとしてご存じないかもしれないと思って、伺いました」

「それは、知りませんでした。実は、父の遺言書と称する書面はほかにも2通出てきているのですが、いずれも本物かどうか疑わしい点があります。まだほかにも遺言があったのですか。しかし、父は何で家族に黙って、しかもわざわざ公正証書で遺言を作成したのでしょう。そもそも公正証書なるものを私は見たことがないですし、どのようなものかも、よく知らないのですが」

一郎は、内心では「また遺言書か」と思ったが、そのような気配は見せずに尋ねた。

「やはり、お話して良かったですな。公正証書は、公証役場で公証人が本人から聞いた遺言の内容を確認したうえで作成して、原本を公証役場で保管し、後日になっても作成した事実や作成年月日、文書の内容などが確実に明らかになるようにした書面です。

書面を見ていただければわかりますが、桃太郎氏は、平成17年5月に、公証役場で公正証書遺言を作成しています。

公正証書遺言の場合、証人2名の立会が必要なので、私ども2名が証人になりました。そのころは、桃太郎氏も私どもも事業からは引退し、あまりお会いすることもなかったのですが、以前に事業経営を行っていて公正証書の意味もわかっていたので、信頼して証人になるように依頼されたのだと思います。

桃太郎氏に伺ったところでは、当時、弟さんの多古川イカ夫さんという方が金に困っていて、どうも自分の資産を狙っているような気がするので、確実に家族に遺産を残せるように遺言を作成したいというお話でした。離婚した元の奥さんのほうにお孫さんがいて、いくらかまとまった金額を贈与したので、それも清算しておきたいとおっしゃっていました」

坂本と名乗る老人は、「遺言公正証書」と表題の書かれた書面を手提げから取り出した。

「内容を読んでいただければわかりますが、不動産は奥様のふじ子さんに、金融資産その他不動産以外の資産はすべて長男の一郎さんに相続させると記載されています。お孫さんのほうは、生前に贈与された分で終わっていると考えていらっしゃったようです。

また、多古川イカ夫さんは、元々相続人ではありませんが、資産を残しても使ってしまうだけなので、何も渡すつもりはないとおっしゃっていました。それから、遺言執行者には一郎さんが指定されています」

一郎が遺言書を読んでみると、確かにそのような内容が、不動産の明細などとともに記載されていた。

「公正証書遺言の場合、遺言書の原本は公証役場に保管され、正本と謄本は遺言した人に渡されますが、桃太郎氏は自分では持ちたくないということでしたので、私が正本も謄本もお預かりしていました」

「コピーを取らせていただいてよろしいでしょうか」

「これは桃太郎氏がお持ちになるものですので、正本も謄本もお渡しいたします。遺言をした事情など、どこかでお話したほうがよろしければ、いつでもご連絡ください。ただし、私どもも、いつまでも元気でいるわけではないので、その点はお含み置きください」

老人たちは、連絡先を書いた紙と遺言書を置いて帰って行った。

「そういえば、坂本という人がずっと話していて、高杉という人は、頷きながら聞いているだけだった。具合でも悪いのかもしれないな」

一郎は心配になった。

⇩弁護士から山田一郎さんへのアドバイス

(1) 公正証書遺言

遺言は、原則として「自筆証書」、「公正証書」または「秘密証書」によってしなければならないとされています（詳しくは第3日のアドバイスをご覧ください）。

そのうち公正証書による遺言は、坂本一馬から説明があったように、公証役場で公証人に遺言書を作成してもらう方法です。

自筆証書や秘密証書による遺言も、法律が定めている方式通りに作られていれば効力が認められます。しかし、法律実務の知識や経験のない方が有効な遺言書を確実に作成することは必ずしも容易ではありません。そのため、自筆証書や秘密証書による遺言は、思いがけず形式的な不備によって無効になってしまうことがあります。

また、自筆証書や秘密証書による遺言の場合には、遺言者が死亡した後に、遺言書を保管している人や遺言書を発見した人が家庭裁判所に遺言書を持参して、遺言書の確認をする手続き（「検認」の手続き）を行う必要があります（詳しくは第3日のコラムをご覧ください）。

これに対して、公正証書による遺言は、専門家である公証人によって遺言書が作成されますから、不備によって無効になる心配がありません。

また、公正証書による遺言については、家庭裁判所での検認の手続きが不要ですから、遺言者が死亡した後の相続人の負担も軽くなります。

このようなメリットから、確実に有効に遺言をしたい場合には公正証書による遺言の方法が安全です。

公正証書によって遺言をする場合には、次の方法に従わなければなりません。

① 証人2人以上の立会いがあること
② 遺言者が遺言の趣旨を公証人に対して口頭で述べること
③ 公証人がその内容を筆記し、筆記した内容を遺言者および証人に読み聞かせ、ま

たは閲覧させること

④　遺言者と証人が、筆記が正確であることを承認した後に、各自署名し、押印すること（遺言者が署名することができない場合には公証人がその事情を付記すること）

坂本一馬の話によると、坂本一馬と高杉吾作の２人が証人として立ち会って、桃太郎の遺言書が公正証書の形式で作成されたようです。正確に判断するには公正証書遺言に記載された内容を確認する必要がありますが、公証人により公正証書によって作成されたのであれば、遺言の方式に不備はないものと推測されます。

(2) 遺言書の優劣

ところで、桃太郎の遺言書とされる書面は、ほかにもありました。特に、多古川イカ夫が最初に持参した遺言書は真っ赤なにせ物のようですが、２回目に持ってきた昭和34年６月10日と日付が書かれているものは、桃太郎によって作られたものかもしれません。仮にこの遺言書が桃太郎により作成されたものである場合、果たしてどちらの遺言書の内容が優先されるのでしょうか。

遺言者は、いったん遺言書を作成した後に、いつでも、何回でも遺言書を作り直すことができます。遺言者が死亡するまでは、過去の遺言に拘束される理由はなく、遺言者の最終的な意思が尊重されるべきであるからです。

遺言書を作成した後になって、家族間の関係や財産の状況が変わったとき、あるいはそうでなくても遺言者の気が変わったときには、以前とは違う内容の遺言書を作り直すことによって、遺言の内容を変更することができます。作り直しをすれば、新しい遺言書の内容が優先します。

したがって、昭和34年6月10日と日付が書かれている桃太郎の遺言書が有効なものであったとしても、平成17年5月に作られた公正証書による遺言書の内容が優先することになります。

(3) 遺留分

坂本一馬が持参した遺言公正証書の正本によると、桃太郎の公正証書による遺言では、不動産はふじ子に、それ以外の財産はすべて一郎に相続させることとされているようです。そうすると、さくらとあざみの2人はまったく相続財産を取得することができないのでしょうか。

ここで「遺留分」という制度に注意しなければなりません。

遺留分は、相続財産のうち、遺言によって自由に処分することができず、一定範囲の相続人に取得の権利が留保されている一定割合の持分です。例えば妻と何人かの子どもがいる人が死亡した場合に、子どものうち1人にすべての財産を相続させるという遺言書が作られていたとしても、妻とほかの子どもにも相続財産のうち一定割合を取得する権利が留保されています。

この遺留分が認められるのは、配偶者（夫か妻）、子、直系尊属（父母や祖父母など）に限られ、兄弟姉妹には認められません。

また、相続財産のうち遺留分の対象になる割合は、次のように定められています。

① 直系尊属だけが相続人である場合

相続財産の3分の1

② 配偶者または子の相続人がいる場合

●遺留分の対象になる割合

	相続人	相続財産のうち 遺留分全体の割合	相続財産のうち 各人の遺留分の割合
ア	妻だけ	1/2	妻　　：1/2
イ	父母だけ	1/3	父　　：1/6 母　　：1/6
ウ	妻と 子ども2人	1/2	妻　　：1/4 子ども：1/8ずつ

相続財産の2分の1

そして、これらの割合が、遺留分を持つ相続人全員に留保される割合ですので、遺留分が認められている各人が権利を持つ割合は、これらの割合にさらに法定相続分の割合を乗じることによって求められます。例を示すと上記の通りです。

したがって、被相続人の遺言によって、まったく相続財産を受けることができない相続人や、遺留分を下回る財産しか相続できない相続人は、遺留分まで相続財産にかかる権利を主張することができます。

ただし、このように、相続人が遺留分に相当する相続財産を取得することができない内容の遺言がなされていた場合、何もせずにいたのでは、財産を取得することができません。遺留分を主張するのであれば、「遺留分減殺請求」をする必要があります。遺留分減殺請求は、相続財産の贈与や遺贈を受けた者に対して、侵害された遺留分の限度で、贈与または遺贈された相続財産を返還するよう請求する意思表示です。

なお、この権利を行使できる期間には制限があり、この権利は以下のいずれかの時点で消滅します。

i）相続が開始したことおよび減殺すべき贈与または遺贈のあったことを知った時から1年間が経過したとき

ii）相続開始の時から10年間が経過したとき

この事案では、桃太郎の相続人には配偶者と子がいますから、相続財産のうち遺留分全体の割合は2分の1になります。相続人のうち、さくらとあざみは、桃太郎の子である小太郎の代襲相続人であって小太郎の地位を承継しますので、その遺留分の割合は、合計して小太郎が持っていた割合と等しくなります（代襲相続については、プロローグのアドバイスをご覧ください）。そうすると、小太郎の遺留分は、前頁の表のウに該当し8分の1ですから、さくらとあざみは相続財産のうち、合計して8分の1（各16分の1）

の遺留分を持つことになります。

なお、遺留分減殺請求の意思表示をしてきたときには、請求された相続人または受遺者は、相続財産の現物を返還しなくても、減殺請求された限度でそれに見合う価額の金銭を支払えば、現物返還の義務を免れることができます。

一郎さん、わかりましたか?

●シーン2　老人とうまい話（後編）

「2人合わせて8分の1か。相続財産が全部で1億2000万円くらいだから、8分の1だと1500万円で、内500万円は特別受益として双子に渡されているから、残りは1000万円だね。何とか自宅を手放さなくてもよさそうだな。仮にさくらさんたち双子が遺留分を請求しても、相続財産の中の金融資産から払えそうだ」

「それより、お義父さんの兄弟である多古川の叔父さんには何も残らないことが明らかになって良かったわ」と花子が、ほっとしたように言った。

「銀行預金がないことがわかっても、何か難癖をつけてくるかもしれないからな。これ以上多古川の叔父さんからは迷惑をかけられないと思うとほっとするね」

一郎も一安心して言ったが、後になって、迷惑男の多古川イカ夫から迷惑をかけられることがないなどと考えることは、およそとんでもない間違いだということに気づかされることになる。

コラム

1　公正証書

公証役場で作成される公正証書は、遺言書に限られません。例えば、お金の貸し借りや不動産の賃貸借の契約書も公正証書で作成することができます。

公正証書で契約書を作成するメリットとして、紛争の防止に役立つことがあげられます。私人間で作成される契約書については、裁判などで「偽造されたものだ」あるいは「契約書の一部が後になって変造されている」などと主張されることがあります。しかし、公正証書は公証人の関与の下に作成され、原本が公証役場に保管されますから、偽造や変造をめぐる紛争になることを防止できます。

また、金銭の支払いを内容とする契約書を公正証書で作成する場合には、債務者が約束通りに金銭を支払わなかったときに、債務者の財産について直ちに強制執行（差押え）をすることが可能です。公正証書で契約書を作成していない場合には、まずは裁判を起こし、勝訴判決をとってようやく強制執行をすることができますが、裁判に時間がかかり、その間に債務者の財産が散逸してしまうことがあります。速やかに強制執行することができることは、債権者にとって大きなメリットですし、そのことが債務者にとっては約束通り支払うことの動機づけになる場合もあります。

2　遺留分減殺請求

遺言によって遺留分を侵害された場合に、最も注意しなければならないのは、法律で決められた期限までに「遺留分減殺請求」をすることです。

本文に記載した通り、相続が開始したこと、および減殺すべき贈与または遺贈のあったことを知った時から1年間が経過したときや、相続開始の時から10年間が経過したときは、遺留分減殺請求をすることが認められず、財産を取得することができなくなってしまいます。そして、遺留分減殺請求の意思表示は、これらの期限が経過するまでに相手方に到達しなければなりません。

そこで、遺留分減殺請求の意思表示をする際には、期限までに意思表示をしたことを証拠に残しておくために、内容証明郵便を利用して書面を郵送するのがいいでしょう。ただし、内容証明郵便を発送しても、相手方が不在であったり、書面の受領に応じなかったりすると、到達するまでに時間がかかる可能性があります。

相続人が、相続から時間が経過した後に遺留分減殺請求権を行使できることを知り、その方法について、弁護士に相談する場合もあります。そのようなときには、期限切れにならないように、できれば気がついたらすぐに、そして、意思表示をするためのある程度の時間的余裕を持って相談するといいでしょう。

安息日

生命保険金や税金はどうなるの？

●シーン1　入ってくる保険金、出ていく税金（前編）

「しかし、思いがけないことがいろいろあったとしても、まあ何とかなるもんだな」

山田一郎は、思わず、そう呟いた。

昨日、桃太郎の公正遺言証書が見つかり、何とか桃太郎の財産を円滑に相続できる見通しがついたことから、一郎は一息ついていた。

考えてみれば、桃太郎の葬儀が終了してからの10日間、元々がめつい性格のうえ、最近窮乏生活を送っているらしい叔父の多古川イカ夫が偽造した遺言書を持ってきたり、桃太郎の息子と称する鬼瓦三太郎が出現したり（どうも桃太郎ではなく多古川イカ夫の息子らしい）、保証債務を支払えと借金取りが押しかけてくるなど（どうも桃太郎ではなく多古川イカ夫が保証したらしい）、予想もしていなかった出来事が立て続けに起きた。

今日くらいは少し休みたいものだと、一郎はつくづく思った。

「今日くらいはのんびりしたいわね」と、花子が同じことを言った。夫婦生活が長くなると、どうも思考パターンが似てくるものらしい。そういえば、犬の顔は飼主に似るという。いや、飼主の顔が犬に似るのだという見解もある。

「相続手続きが終わったら、相続税を払わなきゃいけないな」

一郎は、新たな問題に思い至った。のんびりできるどころではない。

「うちくらいの相続財産だと、相続税なんかかからないわ」と花子が強気に答えた。

このあたりは、いくら夫婦生活が長くても、一郎と違うところである。

「まあ、飼犬に尻尾があっても飼主に尻尾が生えることはないからな」

「えっ」と花子が言ったので、一郎はあわてて、

「いや、うちは相続財産は多くなくても、相続人の数も少ないから、相続税がかかるかもしれない」

と言い直した。

「相続人の数が関係するの？」

「確か、一定額に加えて相続人の数に応じた金額が相続財産から控除され、残額がある場合にだけ相続税が発生すると聞いたことがある。現実に相続税を払うことになるのは、相当の大金持ちだけのような話だったが」

ここで、一郎は、嫌な話を思い出した。

「そうだ、消費税の引き上げに伴う税制改正で、相続税の控除も引き下げられたはずだ。うちでも、税金がかかるかもしれない」

「あの双子に相続財産を払うと、税金を払うお金がなくなるわ。やっぱり、この家を売らなきゃならないかしら」

「うーん、いよいよとなったら、この家を売らなきゃならないかもしれないが。まあ、もし売るとしたら相当な金額になるから、税金を払ってもマンションくらい買うことができるだろう」

「何とか、あの双子に相続財産が渡らないようにできないかしら。この前の話以外に、お義父さんが双子にあげたものは何かないの?」

一郎は、しばらく考え込んでいたが、

「そういえば、親父は前の奥さんのもも子さんと結婚していたころ、生命保険に入っていて、双子を受取人に指定していたことがあったはずだ。受取人を変更しようかという話があったが、手続きも面倒なので、そのままになっていたという話を聞いたことがある。あの生命保険はまだ有効なんだろうか。親父が再婚してからもう50年経っているし、保険会社からは、もう何年も何の連絡もないよ」

「きっと、有効だわ。双子が保険金を受け取れば、その分、相続する財産が減るから、相続税の支払いが可能になるかもしれないわね」

「随分昔の話だからなあ。保険が有効だとは思えないけど」

一郎は懐疑的だった。

⇩弁護士から山田一郎さんへのアドバイス

(1)相続にかかる税金と計算方法

相続にあたっては、相続税が発生します。

相続税の金額は、以下のように計算します。

① まず、相続税の課税価格を計算します。これは、相続人各人（相続人でなくても遺贈により贈与を受けた人を含みます）が相続した財産に、死亡保険金や死亡退職金な

どのみなし相続財産、相続開始前3年以内の贈与財産を加え、墓地や仏壇などの非課税財産、借金や未払税金などの債務や葬儀費用を控除した金額です。なお、相続財産のうち不動産は、時価ではなく相続税評価額で評価されます（次頁【図1】）。

② ①の課税価格の合計額から基礎控除額（後述の（3）で説明します）を差し引いた課税遺産総額を、法定相続分に従って相続が行われたと仮定して、各相続人が相続する財産の金額を計算し、それぞれにかかる税額を合計して相続税総額を計算します（次頁【図2】）。

③ ②で計算された相続税総額を、各相続人の実際の相続額に従って案分し、その金額から配偶者の軽減措置など各相続人固有の控除を行い、各相続人の支払うべき相続税額を計算します（次頁【図3】）。

なお、相続人等が親（さらにその親等の直系尊属）、配偶者または子（代襲相続人を含む）の場合は、前記により計算された金額になりますが、それ以外の場合（代襲相続人ではない孫、兄弟姉妹、受遺者などの第三者）では相続税額に2割が加算されます。

【図１】課税価格の計算

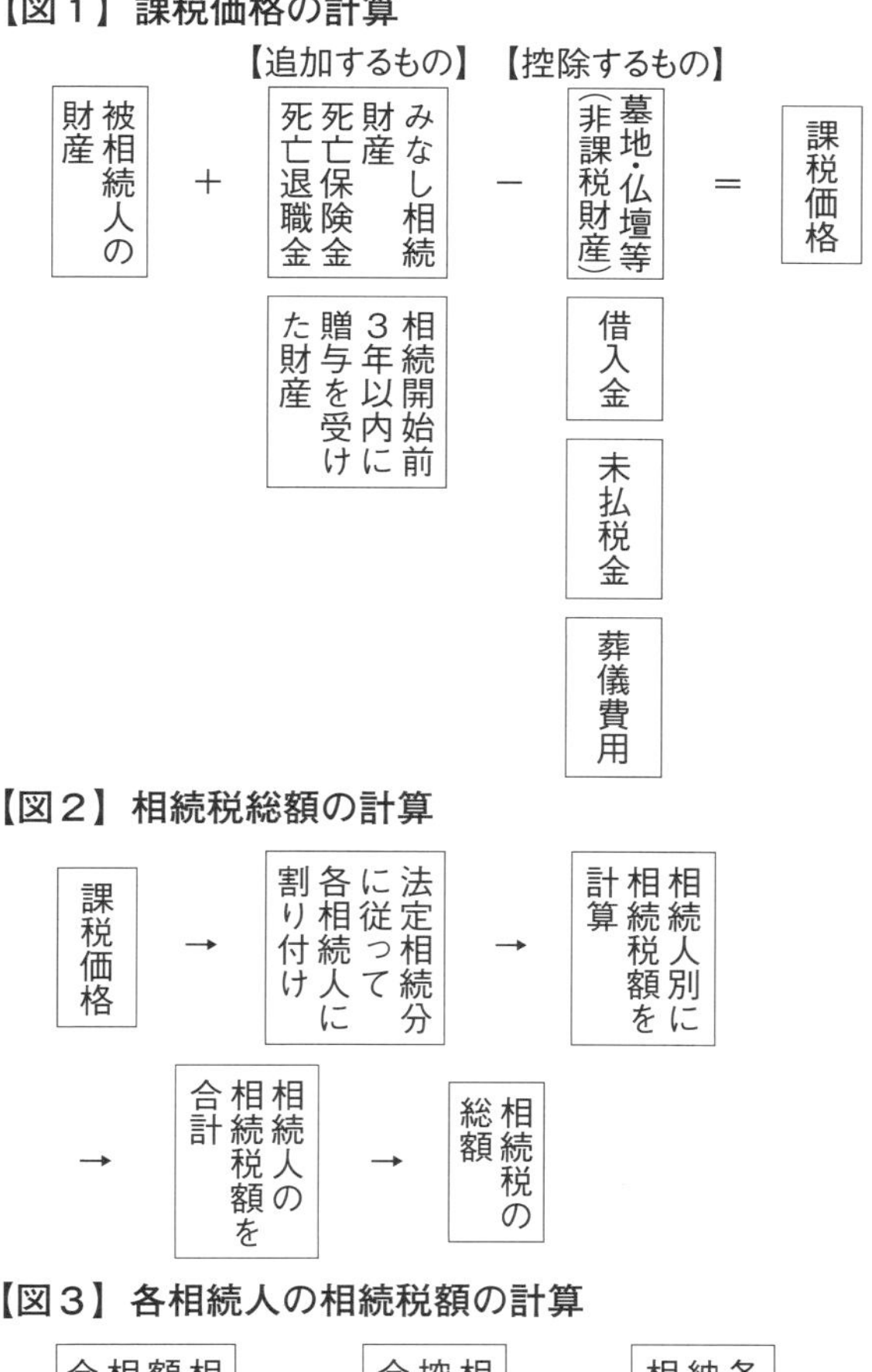

【図３】各相続人の相続税額の計算

相続税の総額を実際に相続した金額で案分 → 相続人別に控除できる金額を控除 → 各相続人の納付すべき相続金額

また、民法における相続分の計算では、生前贈与は特別受益として相続財産に含めて扱われることがありますが、税法では、贈与の時点で贈与税として処理されていますので、相続開始前3年間の贈与を除いて相続財産には含まれません（相続開始前3年間に贈与税を支払っていた場合は精算されることになります）。

このように、民法と税法では、いろいろと異なる取扱いがされているので注意する必要があります。

(2) 生命保険金の取扱い

相続分の計算等にあたっては、相続人が、被相続人の死亡により死亡保険金を受け取り、その保険料は被相続人が支払っていた場合であっても、保険金（請求権）は受取人に指定された相続人が固有の権利として取得するものであって、相続財産ではなく、また遺贈や贈与にもあたらないとされています。

生命保険契約では、受取人を「被保険者の相続人」と定めたり、約款で受取人の指定がない場合には被保険者の相続人が受け取ることとされている場合がありますが、その場合でも、同様に受取人となった相続人固有の権利と解され、相続財産等には該当しません。

一方、相続税の取扱いでは、民法とは異なり、被相続人が生命保険の契約者となり保険料を支払っていた場合、死亡にかかる死亡保険金を相続人が受け取ったときは、死亡保険金はみなし相続財産として相続財産に含まれることになります。

もっとも、生命保険契約は、通常は10年程度の期間で更新されます。桃太郎がふじ子と再婚してからは50年経過しているので、桃太郎が契約していた生命保険契約は、期限がきた時に更新されずに終了している可能性が高いように思われます。そうでなければ、受取人が妻のふじ子か一郎に変更されているでしょう。この点は、桃太郎の遺品から生命保険証券や保険内容の通知など契約内容がわかる書類を探し出し、事情によっては保険会社に照会するなどして確認する必要がありますが、保険契約が更新されていて有効であれば、保険会社から契約内容を通知する書面が定期的に送付されているはずです。

（3）基礎控除

相続税額の計算にあたっては、課税価格の合計額から「基礎控除」の金額を控除し、残額について課税されます。

この「基礎控除」の金額は、平成26年までは「5000万円＋1000万円×法定相続人の数」とされていました。

山田家の件では、法定相続人は被相続人桃太郎の妻ふじ子、子の一郎、代襲相続人のさくらとあざみの計4名です。

したがって、以前の基準では「5000万円＋1000万円×4人＝9000万円」が控除されます。

このように、相当多額の基礎控除が認められていたため、相続税の支払義務が発生するのは、かなり高額の財産を相続したケースに限られていました。

ところが、平成25年の税制改正により、平成27年1月1日に開始される相続からは、基礎控除の金額は「3000万円＋600万円×法定相続人の数」に引き下げられました。

桃太郎の相続にあたっても、基礎控除の金額は「3000万円＋600万円×4人＝

5400万円」で、一郎らの相続財産の金額は1億1500万円程度ですから、原則通りだと約6000万円程度、課税される財産があることになります。

（4）配偶者の税額軽減措置

配偶者（夫か妻）が相続人となる場合、具体的に相続する財産が「法定相続分まで」、または「1億6000万円まで」の場合には、その配偶者には相続税がかかりません。

この件では、公正証書遺言通りに相続すると、桃太郎の妻のふじ子は自宅の土地建物を相続し、その価額は法定相続分である2分の1を超えますが、試算では自宅不動産の金額は1億6000万円以内と考えられますので、ふじ子は相続税の負担はないことになります。

ただし、この軽減措置を受けるためには、支払うべき相続税がない場合でも申告が必要です。

（5）小規模宅地の特例

被相続人が事業用または居住用としていた宅地で、建物が建てられている場合、その宅地を相続する相続人が一定の条件を満たし、相続税の申告期限までに申告すると、３３０㎡までの面積に相当する価格について80％減額を受けることができます。

この要件については相続人と被相続人との関係や、土地の利用状況によって、いろいろ細かな相違はありますが、配偶者がその土地を相続する場合には80％減額がなされます。そのほかの親族の場合は、同居や所有についての条件があり、その条件を満たさない場合や、ほかに配偶者や同居親族がいる場合には軽減措置を受けられないこともあります。

この件では、桃太郎の遺言通り妻のふじ子が自宅の土地建物を相続すれば、３３０㎡までの土地については軽減措置を受けることができます。

なお、この軽減措置を受けるには、その結果相続税が発生しない場合でも申告をして所定の手続きに従う必要があります。

（6）相続税支払いのための資産売却と税金

相続に関して直接課される税金は相続税ですが、その支払いのために相続財産を処分した場合には、その処分に対して譲渡所得等が発生することがあります。

例えば、不動産を売却して現金化した場合、不動産の取得価格と売却価格との関係で譲渡益が発生したとすると、譲渡所得が発生することになります。

長年暮らしていた自宅を売却する場合などは、住むべき自宅を失うという不利益のほかに、その間に不動産価格が大幅に上昇していたようなときは、多額の譲渡所得税が発生するおそれもあります。

したがって、やむを得ず相続財産を売却して遺産分割を行うときは、このような税金の負担が発生しないか事前に検討する必要があります。

一郎さん、わかりましたか？

●シーン2　入ってくる保険金、出ていく税金（後編）

「そうか、税金は複雑だな」

「この土地の面積は80坪だから250㎡くらいだし、お義父さんの遺言では土地建物はお義母さんが相続することになるから、軽減措置を受けることができそうだわね。家は古家でほとんど価値はないでしょうから、そうすると、相続財産は『不動産1億円×20%＝2000万円、金融資産1500万円の計3500万円』で、どうにか基礎控除の枠内に収まるんじゃないかしら。お義母さんはずっとこの家で暮らしてきたし、これからも行くところはないでしょうから、良かったわ」

一郎は、最後の部分は無視して答えた。

「ここ何年か、親父の関係で保険会社からの通知書等は見たこともないから、確実ではないけれど課税対象になる生命保険金はなさそうだし、葬儀費用も控除できるから、多少不動産の評価額が変わっても基礎控除の範囲に収まりそうだね。まあ、家を売らずに済めば余分な税金もかからないし、いずれにしても税金の問題が片付けば、しばらくは相続で頭を悩ますこともないだろう」

一郎は、これでようやく相続手続きから解放される目途ができたと思ったが、後になって、さらに相続が発生するかもしれないことに気づくことになる。

コラム

1　生命保険金と相続分

被相続人が契約して保険料を支払っていた生命保険について、被相続人の死亡により相続人等が死亡保険金を受け取った場合、相続財産に含まれるのでしょうか。

相続分の計算等については、裁判所は、保険金請求権は保険契約の効力発生と同時に指定された相続人の固有財産となり、被相続人の遺産から離脱する（最判昭和40年2月2日）、自己を被保険者とする生命保険契約の契約者が死亡保険金の受取人を変更する行為は、遺贈または贈与にあたるものではなく、これに準じるということもできない（最判平成14年11月5日）などと述べて、相続財産には含まれないという判断を示しています。

ただ、裁判所は、その結果、保険金受取人である相続人とそのほかの共同相続人との間に生じる不公平が到底是認できないほどの著しい場合は、遺産分割に際して、その死亡保険金が特別受益に準じて持戻しの対象となる場合があることを認めています（最判平成16年10月29日）。

例えば、所有する財産の大半を保険料として払い込み、特定の相続人または第三者を受取人に指定したような場合は、事実上、財産を指定された受取人だけに贈与することと異ならないため、特別受益に該当するとされる場合があり得ると思われます。

2　生命保険金にかかる民法と相続税法の相違

裁判例は、死亡保険金は相続財産には該当しないと判断していますので、各相続人の相続分の計算にあたっては、特別受益に該当する場合を除いて、死亡保険金は除いて計算することになります。

一方、相続税法上は、被相続人が保険料の全部または一部を負担している場合は、死亡保険金は相続財産に含まれ課税対象となります。

ただし、相続人が死亡保険金を受け取る場合は、「５００万円×法定相続人数」が非課税となります。

3　小規模宅地等の相続税の課税価格の計算にかかる特例

個人が、相続や遺贈による取得した財産のうち、その相続開始の直前において被相続人等の事業や居住に供されていた宅地等のうち、一定の基準を満たすものについて、相続税の課税価格に算入すべき価額の計算上、一定の割合を減額するという制度です。

減額される割合は、用途や事業の内容によって異なりますが、被相続人の居住の用に供されていた宅地の場合は、要件に該当すれば330㎡まで、評価額の80％が減額されます（面積が330㎡を超える場合であっても、330㎡までは減額されます）。

なお、この面積の上限は従前は240㎡でしたが、平成27年1月1日以降に開始される相続については330㎡に引き上げられました。

一方、以前は被相続人が居住の用に供していた宅地であれば広く軽減措置が適用されていましたが、平成22年の税制改正により、配偶者以外については、同居しているか、別居だが同一生計かなどによりそれぞれ一定の要件が定められ、軽減措置を受けられない場合が拡大しています。

4　平成25年の税制改正内容

平成25年の税制改正において、相続税・贈与税についても何点か改正がなされています。

前述した相続税の基礎控除の縮小、小規模宅地等の特例の適用対象拡大のほかにも相続税の税率構造の見直しと税率変更、未成年者控除や障害者控除の拡大、贈与税の税率構造の見直しなどが含まれ、これらは平成27年1月1日以降の相続・贈与について適用されます。

そのほか、教育資金の一括贈与にかかる非課税措置の創設（平成25年4月1日以降の贈与に適用）、二世帯住宅や老人ホーム入居者について小規模宅地等の特例の拡大（平成26年1月1日以降の相続に適用）なども行われています。

このように、法律の中でも税法は頻繁に改正が行われ、同時期の改正であっても適用開始時期が異なっていることがあります。

本書では簡略に解説していますが、現実に相続税額を計算したり、特例の適用を受けようとする場合には、細かい条件が定められていたり、法令に従った手続きを要する場合があることに注意する必要があります。

5　代襲相続と法定相続人の数

代襲相続が行われた場合、代襲相続人の相続分の合計は、被代襲者の相続分と同じになります。

この相続では、浦島小太郎が桃太郎についての相続開始以前に死亡しており、浦島さくらと浦島あざみが代襲相続人となりますが、その2人の相続分は合計して浦島小太郎の相続分（4分の1）になります。

ただし、浦島さくらも浦島あざみも、それぞれ民法の規定による相続人ですので、この相続の法定相続人は、妻の山田ふじ子、子の山田一郎、孫（代襲相続人）の浦島さくらと浦島あざみの計4人です。

そのため、相続税の基礎控除や生命保険金の控除にあたっての「法定相続人の数」も「4人」として計算します（なお、相続人に養子が含まれるような場合は、単純に相続人の数ではない場合があります）。

エピローグ　相続を終えて

●シーン1　相続はもうこりごり（前編）

「しかし、随分余計な心配をしてしまったな。終わってみれば、相続なんて簡単なことじゃないか」

山田一郎は、余裕を見せて言った。

「そうね。多古川の叔父さんがいなければ、ほとんど何もなかったようなものね」と妻花子が応じる。

「まあ、おかげで縁が切れたようなものだ。これからは、あまり会うこともないんじゃないか」

「そういえば、ここ何日か顔を見ていないわね」

確かに、がめつくて行儀が悪く、元々花子の評判が悪かったうえ、ここ数日の行動の結果、もはや天敵ともいえる存在になりつつある多古川イカ夫は、一時は毎日のように山田家に来ていたが、ここ何日か姿を見せていない。

「長年会っていなかった息子や借金取りに追われて逃げ回っていて、それどころじゃないんだろう。しかし、いつもの鈍足と違って逃げ足は速かったな」

その時、山田家の電話が鳴った。

花子が出て応対していたが、青ざめた顔をして戻ってきた。

「どうかしたの?」

「市民病院から、多古川の叔父さんが急病で倒れて救急車で運び込まれたという連絡よ。至急、親族に連絡を取りたい、病院に来れる人は無理をしてでも来てもらいたいとのことだったわ。相当、症状が重いのじゃないかしら」

「また葬式か。勘弁してもらいたいな」

多古川イカ夫は多古川家と養子縁組をしたが、養親は既に亡くなっており、ほかに親族はいなかったはずだ。

法律上の義務かどうかはともかく、葬儀を出すのであれば、一郎が出さざるを得ないだろう。

しかし、花子は、さらに心配事を口にした。

「多古川の叔父さんは、小栗商事から1000万円くらい借金があるはずだわ。叔父さんが亡くなると、お義父さんを代襲して、あなたが借金を背負うことにならないかしら」

「資産ならまだしも、借金の代襲相続は割が合わないな。待てよ。三太郎さんが息子だとすると、多古川イカ夫の財産も借金もすべて三太郎さんが相続するんじゃないか」

「それならいいけど。でも、三太郎さんが息子だと決まったわけではないし、多古川の叔父さんは、まだ認知もしていないでしょう。それに、三太郎さんが相続を放棄したら同じことだわ。期限ぎりぎりで相続放棄されたら、あなたのほうは放棄できなくなるかも」

「この前のご対面の様子では間違いなく親子だと思うけど。多古川の叔父さんに相続財産を渡すのは嫌だが、その借金を引き受けるのはもっと嫌だ」

一郎は、また多古川イカ夫のために悩むのかと思うと、うんざりしてきた。

⇩弁護士から山田一郎さんへのアドバイス

(1)相続放棄の効果

相続を放棄した者は、その相続についてははじめから相続人とならなかったものとみなされます。

この件では、多古川イカ夫が死亡した場合、イカ夫には妻がなく、鬼瓦三太郎が法律上多古川イカ夫の子の地位にあれば(イカ夫から認知されているか死後認知を得られれば)三太郎が相続人になりますが、その場合でも三太郎が相続を放棄すると、子もいなくなります。

次順位は親ですが、イカ夫の場合は、実親も養親も生存していないので、さらに次順位の兄弟姉妹が相続人になりますが、唯一の兄の桃太郎は既に死亡しているので、その子の一郎が代襲相続人になります。

イカ夫が三太郎を認知しないで死亡し、三太郎が認知の訴えを申し立てなかったり、イカ夫の生前または死後に認知がされたとしても三太郎が相続を放棄すると、一郎が相続人になります。

このように、相続放棄が行われた場合、ほかに同順位の相続人がいなければ、次順位の親族が相続人となり、次順位の親族もいなければ…というように、順次繰り下がります。通常、相続放棄が行われるのは、借金が財産を上回っているようなときが多いでしょうから、この結果思いがけず相続人となった親族は、予期しない借金を負うことがあります。

(2) 相続放棄の期限

相続人は、自己のために相続があったことを知った時から3か月以内に、単純承認もしくは限定承認または相続放棄をしなければならず、その間に限定承認または相続放棄をしなかったときは、単純承認したとみなされ、被相続人の財産も借金もすべて承継します。

ただし、この期間は「自己のために相続があったことを知った時」から進行しますから、先順位の相続人がすべて相続放棄したため相続人となった場合は、その事実を知った時から3か月以内に限定承認または相続放棄をすればいいことになります。

なお、相続を放棄できるのは相続人だけですから、相続人となる可能性があるとしても、被相続人の生前や、先順位者の相続放棄により自己が相続人となる前に放棄することはできません。また、相続の放棄は家庭裁判所において定められた方法で行われる必要があり（これを「要式行為」といいます）、その方法に従って行われなければ効力がありません。


一郎さん、わかりましたか？

●シーン2　相続はもうこりごり（後編）

一郎が市民病院に行くと、担当の医師に面会でき、イカ夫の病状が確認できた。

どうも、以前から患っていた消化器の末端部分が悪化し大量出血したことから、イカ夫本人が仰天してしまい、気を失ったらしい。そういえば、イカ夫は、最近、一郎宅で騒いでいたにもかかわらず、急に席を立って出ていったことがあった。

病院でも、イカ夫が気を失っていたことから内臓からの大出血だと考えて親族に連絡を取ろうとしたが、イカ夫本人は、ショックが収まり意識が戻ると「腹が減った」などと騒ぎ出し、重い病状の疑いはたちまち消えたようだ。

「どうも、イカ夫さんは、最近、何回か尾てい骨のあたりをしたたかに打ったらしく、あざになっていました。その影響で出血したのかもしれません。しかし、食欲はまったく問題ありませんな。お元気そうですから、きっと長生きされるでしょう」と、痩せた妙に首の長い医師が、なぜか少し残念そうに断言した。

多古川イカ夫には鬼瓦三太郎が付き添っていて、本日中にも退院できそうだという話だった。

「あのお医者さんには、どこかで会ったことがある。どこだったかな」と、病院の廊下に出ると、一郎は気になって言った。

「気のせいよ。白衣を着ていると、みんな似たように見えるのじゃないかしら」

その時、「何だ、もう飯はないのか。誰が食べたんだ。俺じゃないぞ」というわめき声がどこからか聞こえてきた。

「やっぱり、三太郎さんがいてくれて良かったわね」と、花子がしみじみと言った。

コラム

1　熟慮期間

相続人が相続を承認するか放棄するかを考えることができる3か月の期間を熟慮期間といいます。

この期間は、相続人が「自己のために相続があったことを知った時から3か月」とされ、相続放棄や限定承認の必要がある場合には、この期間を過ぎないように、くれぐれも注意しなければなりません。

もっとも、「自己のために相続があったことを知った時」がいつなのか一概に明確ではない場合があります。

裁判所も、事案によってはこの点を事案に応じて柔軟に解釈することがあり、例えば、自分が相続する財産がまったくないと信じていた場合で、それが相当な理由に基づくと判断されたときは、熟慮期間は進行しないと解した例もあります（最判昭和59年4月27日）。

2　熟慮期間の延長

家庭裁判所は、相続放棄や限定承認の要否を検討している相続人など利害関係人等の請求により熟慮期間を延長することができるとされています（民法915条1項但書）。

被相続人の財産や借金を調査するのに時間がかかり、差引プラスなのかマイナスなのか直ちに判断できない場合や、被相続人を当事者とする訴訟が続いていて、その結果によって相続財産がプラスにもマイナスにもなるような場合に、この熟慮期間の延長が認められることがあります。

●執筆者一覧<あさひ法律事務所>

庭山正一郎　東京大学法学部中退・1971年弁護士登録
藤原　道子　早稲田大学法学部卒・1992年裁判官任官、2001年弁護士登録
亀井　洋一　東京大学法学部卒・2000年弁護士登録
宮村　啓太　中央大学法学部卒・2002年弁護士登録
荒巻　慶士　早稲田大学政治経済学部卒・2003年弁護士登録
金山　卓晴　東京大学法学部卒・2004年弁護士登録（＊）
古原　　暁　京都大学法学部卒・2005年弁護士登録
山崎　　純　東京大学法学部卒・2006年弁護士登録
朴　　貴玲　慶応義塾大学大学院法務研究科修了・2011年弁護士登録
田辺　晶夫　東京大学大学院法学政治学研究科修了・2012年弁護士登録
易　　智久　首都大学東京大学院社会科学研究科修了・2012年弁護士登録
関根こすも　一橋大学院法学研究科修了・2013年弁護士登録
（＊以外は、第二東京弁護士会、＊は第一東京弁護士会所属）

経法ビジネス新書　004

90分で納得!! ストーリーでわかる相続AtoZ

2015年2月15日初版第1刷発行

編者	あさひ法律事務所
発行者	金子幸司
発行所	株式会社　経済法令研究会 〒162-8421　東京都新宿区市谷本村町3-21 Tel　03-3267-4811 http://www.khk.co.jp/
企画・制作	経法ビジネス出版株式会社 Tel　03-3267-4897
カバーデザイン	株式会社キュービスト
帯デザイン	佐藤　修
印刷所	株式会社日本制作センター

乱丁・落丁はお取替えいたします。

ISBN978-4-7668-4803-8 C0232

経法ビジネス新書刊行にあたって

経済法令研究会は、主に金融機関に必要とされる業務知識に関する、書籍・雑誌の発刊、通信講座の開発および研修会ならびに銀行業務検定試験の全国一斉実施等を通じて、金融機関行職員の方々の業務知識向上に資するためのお手伝いをしてまいりました。

ところがその間、若者の活字離れが喧伝される中、ゆとり世代からさとり世代、さらには、ゆうとおり世代と称されるにいたり、価値観の多様化の名のもとに思考が停滞しているかの様相を呈する時代となりました。そこで、文字文化の息吹を絶やさないためにも、考える力を身につけて明日の夢につながる知恵を紡いでいくことが、出版人としての当社の使命と考え、経済法令研究会創業55週年を数えたのを機に、経法ビジネス新書を創刊することといたしました。読者のみなさまとともに考える道を歩んでまいりたいと存じます。

２０１４年９月

経法ビジネス出版株式会社